바울 퍼펙타클 성경지도

이승수 지음

서문

하나님의 자녀가 된 후 모처럼 시간을 내어 성서의 땅을 밟는 순간 우리는 감격에 사로잡히게 된다. 구약 성서에 나오는 인류의 조상인 아담과 하와가 거닐었던 에덴 동산이 어디에 있었는지 궁금하고, 아라랏 산의 노아의 방주가 아직도 있을까 하는 의문과 하나님의 종 모세가 십계명을 받은 시내산이 어떻게 생겼는지 보는 순간 흥분이 도가니에 빠지고 만다. 또한, 신약 성서로 돌아가 베들레헴 마굿간에서 태어나 나사렛에서 유년 시절을 보내시고 장성하여 갈릴리 해변을 중심으로 제자들과 함께 다시시며 천국 복음 을 전하시던 예수님, 그리고 기독교 최대의 선교사인 사도 바울의 발자취를 성서 지리를 통해 살펴보는 일은 참으로 감동과 감격의 순간이라 할 수 있다.

성지에 대한 감격 속에서 성서를 공부하는데 흥미를 가진 교인이라면 누구나 성경을 좀 더 체계적으로 이해하고 싶어 할 것이다. 그리하여 학습자들은 성경 연구를 위해 도움이 될 만한 주석이나 관련서적을 다양하게 사용하는 것이 사실이다. 하지만, 막상 성경을 가까이에서 깊이 있게 살펴보고자 할 때, 본문의 내용이 시각적으로 쉽게 다가오지 않는 것이 문제이다. 그 이유 가운데 하나는 성서가 기록된 곳이 우리와 매우 다른 배경 속에서 시작되었기 때문이다. 성서 속에 나오는 지리, 문화, 풍습 그리고 그곳에서 살았던 인물들은 우리와 현저히 다른 정황 속에서 살고 있었으므로 짧은 시간에 이 모든 것을 이해하기란 쉬운 것이 아니다.

이러한 의미에서 어떻게 하면 한권의 책으로 성서 전체를 쉽게 바라볼 수 있을까 하는 고민을 계기로, 성서를 사랑하는 분들을 위해, 이 "퍼펙타클 성경지도"를 쓰게 되었다. 구약과 신약성서의 사건을 시대적으로 분류하고 시각적인 효과를 크게 하기 위해 다양한 지도와 배경사진을 삽입하였다. 그리고 당시 일어난 역사적인 사건 속에 등장하는 인물들과 배경을 간략하게 정리하여 사건의 전체적인 흐름을 이해하기 쉽게 하였다. 하지만 성서 현장에서 오랫동안 사역을 해왔지만, 나의 작은 지식으로 방대한 성서 지리의 모든 것을 독자들에게 소개하기란 크나큰 욕심이란 사실을 알게 되었다. 그리하여 성서의 전반적인 내용을 본 성서지도책을 가지고 총제적인 정리를 한 후, 더욱 깊은 지식과 연구를 위해서는 다른 전문적인 배경서를 참고해 주시기를 권하고 싶다.

만남이란 참으로 소중한 것이라고 본나. 우리가 예수 그리스도를 만나 하나님의 자녀가 되고 천국의 소망을 가지고 하나님의 눈을 통해 잃어버린 영혼을 찾으시는 주님의 마음이 되어 선교적인 마인드를 가지고 세상을 바라 볼 수 있는 것은 하나의 커다란 축복일 것이다. 내가 선교하던 성지에서 그리스도를 통해 만나 하나님의 나라를 생각하며 함께 성지를 돌며 지금까지 십 여 년이 넘게 교제하고 있는 귀한 여러 목사님들을 생각할 때, 그간 만남을 주선하신 하나님과 또한 그분들에게 한없는 고마움을 느낀다. 이번 성서 지리는 그분들의 소개로 바울 출판사를 통해 출간하게 되었다. 늘 좋은 책을 만드시고자 불철주야 기도하며 행동하시는 김 명준 사장님과 직원들에게 진심으로 감사의 말씀을 전하고 싶다.

그동안 성지에서 오랫동안 선교 사역을 하면서, 성지에 대한 감동과 이해를 얻기 위하여 이곳을 찾는 소중한 분들을 보면서 그분들과 또한 성지순례를 준비 중인 분들이 성서와 지리를 통해 더 깊은 하나님과의 만남을 위해 두 번째 책을 내게 되었다. 바라기는 이 책을 읽는 가운데 하나님의 백성들이 성서의 전체적인 흐름을 이해하고 이 시대에 축복의 통로가 되어 바울처럼 복음의 빚 진자로서 열방을 주님께 돌아오게 하는 하나님이 사용하시는 소중한 분들이 될 수 있기를 간절히 기도해 본다.

2010 5. 15

저자 이승수

차례

I 성서의 세계

II 이집트와 이스라엘의 출애굽 여정

III 이스라엘의 가나안 정복

IV 사사 시대

V 통일 왕국 시대

VI 분열 왕국 시대

고대 근동의 지도

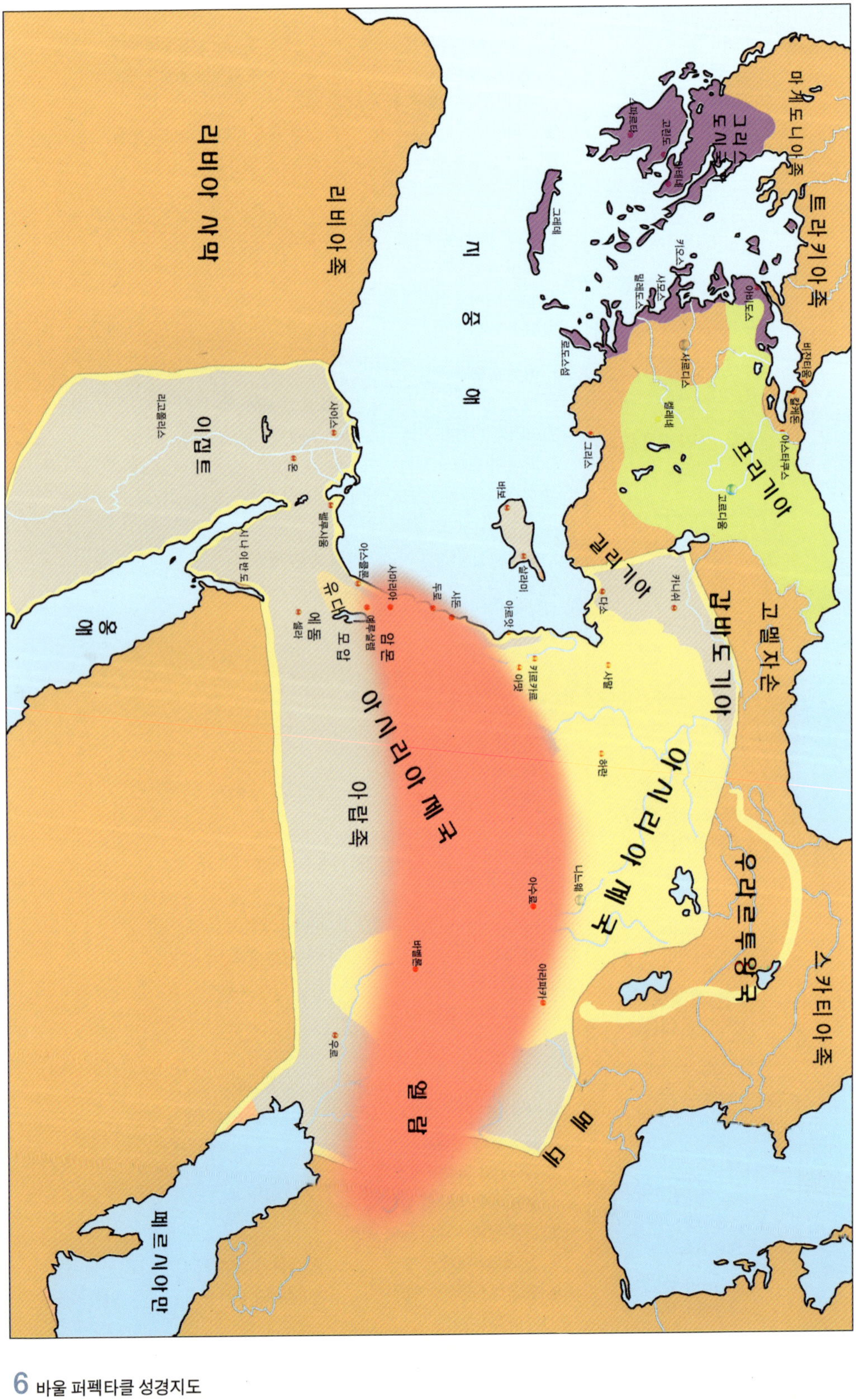

리비아 사막
리비아 족
지중해
이집트
홍해
시나이 반도
유다
에돔
모압
암몬
아시리아 제국
아람 족
엘람
메대
페르시아만
길리기아
갑바도기아
프리기아
고멜 자손
우라르투 왕국
스키티아 족
트라키아 족
마케도니아 족
그리스 도시국
그레데
로도스섬
예루살렘
사마리아
두로
시돈
하란
니느웨
아수르
바벨론
우르
다소
사르디스
비잔티움
고르디움
아테네
고린도
스파르타

이스라엘과 요르단 지역 지도

I 성서의 세계

고대 근동 지역

성서의 세계에 무대가 된 고대 근동지역은 서남 아시아와 발칸반도를 포함하는 지중해 동쪽 연안 지역을 말한다. 지리적으로 고대 근동 지역의 중요한 역사와 사건은 페르시아(구약의 예언서들) 만에서 나일강까지 이어지는 비옥한 초승달 지역(the fertile cresent district)에서 이루어졌다.

구약 성서의 배경이 되는 이 지역은 바로 이 초승달 지역에서 발생하여 메소포타미아(창세기)와 이집트 문명(출애굽기)을 이루고 아시아와 유럽, 그리고 아프리카를 잇는 가나안 땅(모세 오경과 예언서들)을 통로로 하여 인류를 향한 야훼 하나님의 기독교의 구속사가 전개 되었다.

1. 에덴 동산과 강

에덴 동산은 야훼 하나님이 인류를 위해 처음 만드신 동산으로서 인류의 조상 아담과 하와가 살던 낙원이다(창 2:8-14). 에덴의 어원은 수메르어의 '에디누'(edinu)에서 온 말로 '평지'를 뜻한다. 구약성서를 헬라어로 기록한 「70인역 신약성서」에서는 에덴을 낙원으로 사용하였다(눅 23:43; 고후 12:2; 계 2:7). 그러므로 전통적으로 구약의 에덴은 '파라다이스'와 동일하게 사용되었

◑ 나일강

◑ 고대 이스라엘의 건축 유적

◑ 에덴동산으로 가능한 지역

다고 볼 수 있다.

유대인들의 백과 사전에 의하면 천지 창조의 두가지 전승을 소개하고 있다. 하나는 팔레스타인의 배경으로 에덴 동산은 비가 없어 초목이 자라지 않는 마른 평지를 야훼께서 창조하신 것으로 보고 있으며, 둘째로는 메소포타미아 전승으로서 야훼 하나님은 땅에 있는 먼지로 인간을 창조하신 후에 동쪽에 있는 에덴 동산에 두셨다고 한다.

한편, 1881년 델리치(Delich)는 에덴과 에덴 동산을 흐르는 네개의 강을 언급하면서 에덴은 바벨론 평야 전체로 언급하고 낙원은 티그리스 강과 유브라데 강이 근접한 곳에 있으며, 비손 강은 유브라데 강의 남서쪽을 흐르는 파라코파스 운하요, 기혼 강이란 바벨론에서 유브라데 동쪽으로 흐

◑ 유프라테스강

르다가 우르 부근에서 합류하는 샤르 아르니르 라고 하였다.

그의 주장은 창세기에 언급된 에덴의 위치와 근접한 것처럼 보이나 지리적인 변화로 정확한 지점을 지적하기에는 부족한 점이 아직 남아 있다. 그러므로 우리는 성서 고고학의 한계를 극복하고 성서에서 말하는 에덴 동산이 만들어진 근본적인 의미를

돌아 볼 필요가 있다. 성서는 에덴동산을 인간이 하나님과 함께 대화하며 그가 창조하신 피조물들과 더불어 평화롭게 살았던 곳임을 밝혀주고 있다(창 2, 3장).

2. 노아의 홍수 사건

노아의 홍수는 야훼 하나님의 인류에 대한 새로운 구속사의 사건이었다.

노아는 라멕의 아들로서 아담의 9대 손이다(창 5:29). 당대의 극심한 타락 상황에서도 경건한 생활을 한 노아를 야훼 하나님은 의인이라 칭하고 그를 통해 홍수로 인류를 심판하기 위해 방주를 만들도록 하였다(창 6:11-9:19).

한편, 노아의 홍수 이야기는 바빌로니아 전승에 나오는 묵시 문학의 홍수 사건과 비슷하며, 이 작품에서는 우트나피슈팀이 노아의 역할을 하였다. 하지만 성서의 홍수 사건과 바빌로니아의 신화 사이에는 크게 다른 점이 있다.

◑ 노아의 홍수와 방주

창세기에서는 홍수가 인간의 도덕적 타락에서 비롯된 것임을 말하고 있으나, 바빌로니아의 신화는 홍수로 인한 파멸의 신들 사이의 불화 때문이라고 언급한다. 홍수 후에 인류는 포도밭을 경작하며 농경생활이 시작되고 노아의 아들인 셈, 함, 야벳이라는 인류의 조상이 출현하였다.

3. 노아의 후손들(셈, 함, 야벳)

셈의 후손

노아의 맏아들인 셈은, 포도주를 마시고 행한 노아의 허물을 가리워 부친으로부터 축복을 받았다(창 9:23-26).

그는 황색 인종으로서 후손들은 아시아에 주로 분포되어 있다. B.C. 3500년경 셈의 후손인 유목민들은 북방으로부터 앗수르와 바벨론으로 이동하였다.

그리고 B.C. 2500경에는 팔레스타인과 수리아에 정착하였으며 애굽을 침입하기도 하였다. 그러므로 셈의 후손은 지중해로부터 페르시아 산맥과 소아시아의 남부에서 메소포타미아, 그리고 티그리스와 유브라데 하구 지역 및 애굽의 본토까지 널리 분포되어 있다.

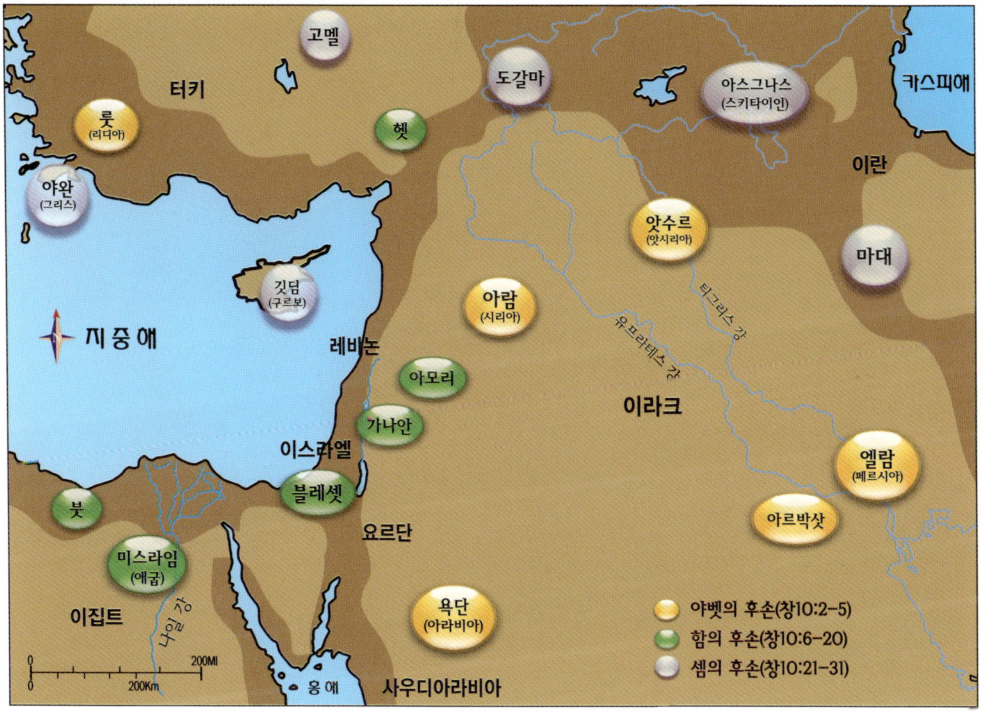

◑ 창세기 10장의 민족이동

함의 후손

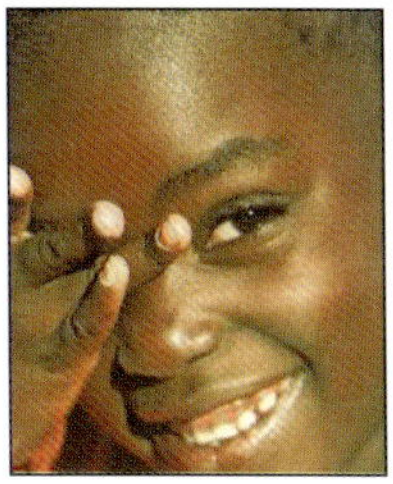

노아의 둘째 아들인 함은 부친의 허물을 가리우지 않고 실수를 범하여 그의 아들 가나안은 저주를 받게 되었다(창 9:20-27). 창세기 10장에 함의 아들을 가르켜 구스와 미스라임, 그리고 붓과 가나안으로 언급하고 있는데 이 지역은 오늘날 에디오피아(구스), 이집트(미스라임), 리비아(붓), 팔레스타인(가나안) 등과 같은 지역이다. 그들은 피부가 검고 주로 북아프리카 지역에 분포되어 있다.

야벳의 후손

야벳은 노아로부터 축복을 받아 그의 후손들은 그의 형인 샘의 후손들과 평화롭게 지내게 되었다. 한편, 그들은 오늘날 유럽인의 조상인 인도 유럽계를 형성하였으며 흑해와 카스피해 연안은 물론 스페인 전 지역에 흩어져 살게 되었다.

메소포타미아 지도와 도시들

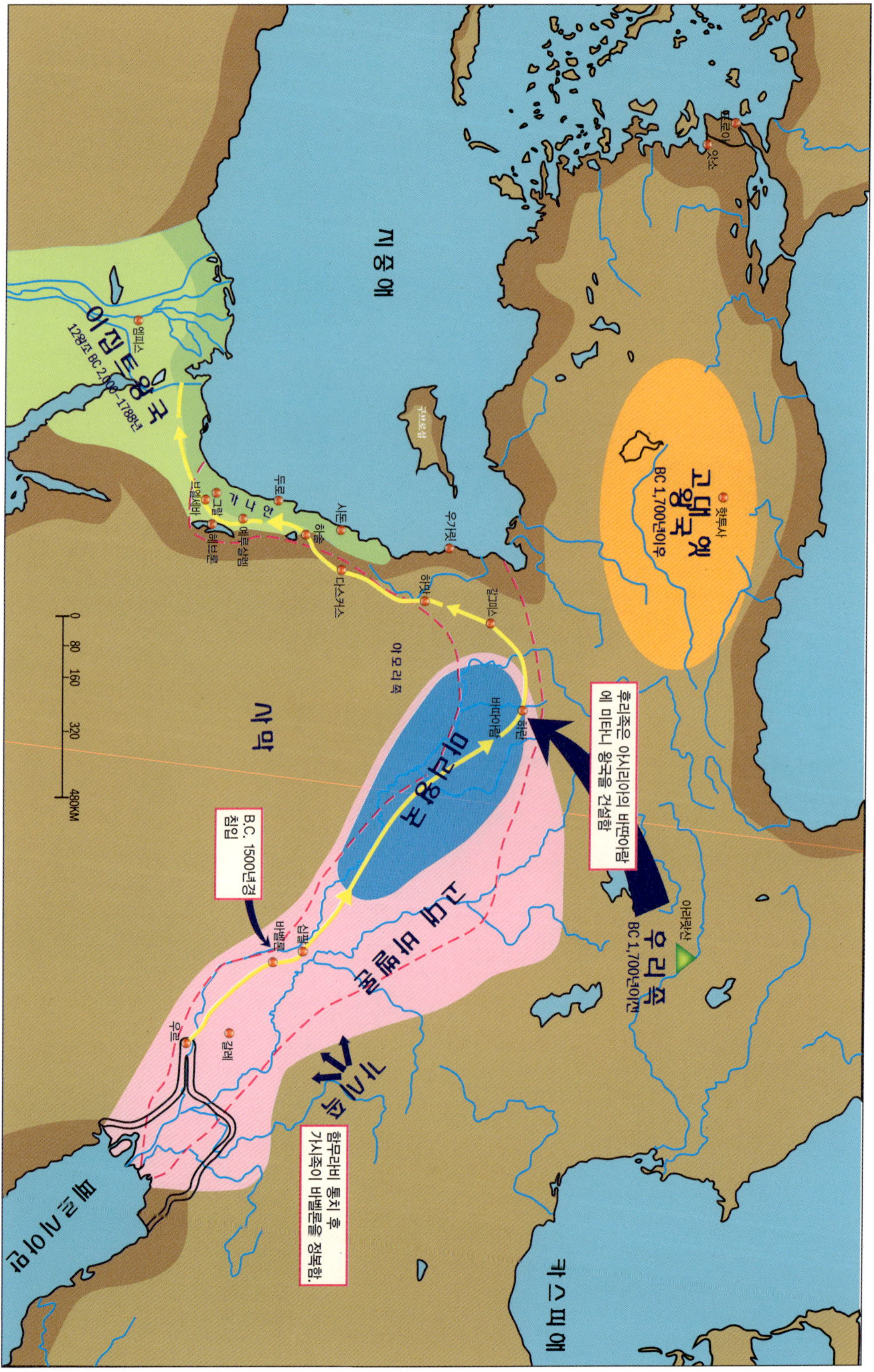

4. 고대 근동의 역사와 족장 시대의 도시들

메소포타미아의 역사

◑ 수메르의 하프연주자

메소포타미아는 현재 터키 북쪽의 산악 지대와 남동쪽의 페르시아만, 그리고 동쪽으로 티그리스 강을 지나 이란의 자그로브 산맥, 그리고 서쪽으로는 유브라데 강을 지나 시리아 사막까지의 광활한 지역이다.

B.C. 3천년경 메소포타미아는 이라크의 바그다드 북쪽 티그리스 강가의 사마라에서 촌락을 형성하여 선사시대가 시작되었나. B.C. 3천년경 후반에 수메르인들은 이곳에 들어와 바벨로니아의 촌락 문화를 고도로 발전 시켰으며 또한 유브라데의 중류에 있는 마리지역에는 셈족 유목민들이 들어와 B.C. 2350년에 아카드 왕조를 건설하였다. 창세기에 언급된 바벨탑은 바벨론이 지구라트(Ziggurat, 높은 곳)에 수메르인들이 쌓은 것으로 신전과 천문대의 기능을 가지고 있었다.

한편, 아모리족의 6대 왕인 함무라비는 B.C. 1770년에 고대 도시 마리를 정복하고 바빌로니아의 본토와 유브라데 강 중류와 앗시리아까지를 정복하고 바벨론 제국의 제 1왕조가 되었다. 그는 창세기 14장에 '아므라벨' 로 알려진 인물이다. B.C. 1000년 경에 가나안인들은 메소포타미아 전역에 걸쳐 거주하고, B.C. 12세기에는 아람인과 B.C. 9세기에는 아랍인이 거주하기 시작하였다.

• 우르

메소포타미아의 고도인 우르는 믿음의 조상 아브라함의 고향이었다. 1918년에 톰슨(R.C. Thomson)과 홀(H.R. Hall)이 발굴한 유적에는 우르의 문화가 바벨론의 동남쪽 약 240km 유브라데 강 서안에 있었음이 확인되었다. 우르는 수메르의 도시국가로서 우르 제 1왕조(B.C. 2500-2400) 시대에는 주변의 여러 민족을 정복하여 그들로부터 조공을 받고 외국과의 무역으로 인해 부유한 도시였다.

◑ 수메르의 인장

'수메르와 아카드의 왕' 이라 칭하는 우르 제 3왕조(B.C. 2050-1950)는 수메르와 아카드를 통일하고 양 민족을 통합하여 바

◑ 우르의 지구라트

벨론 전 지역을 통치하고 대 토목 공사와 경제 활동 및 문화 활동의 전성기를 이루었다.

초대 왕 우르 남무(Ur Nammu)가 축조한 신전이 파괴되어 새 바벨론의 나보니도스(Nabonidos)가 복원한 거대한 탑 모양의 신전은 성서의 바벨탑의 원형으로 추정되고 있다. 한편, 이와 동시대에 함무라비 법전은 구약 율법의 성립에 영향을 주고 왕조의 말기에는 아모리인 등의 침입을 받아 수메르인들의 국력이 쇠퇴하여 지자 셈족에게 흡수되었다. 그러므로 혼란기인 이 시기를 민족 이동 시기로 보고 있으며 일부 학자들은 아브라함의 구약 전승과 결부시키고 있다. 이후 바벨론 제 1왕조인 함무라비는 바벨론 전 지역을 통치하게 되고 수메르인의 반란의 거점이 된 우르는 철저히 파괴되었다.

◑ 수메르의 문자

• 하란

메소포타미아 북서쪽에 위치한 하란은 에뎃사에서 40km 떨어진 고대 무역의 중심지로서 지리적으로 소아시아의 길리기아와 앗수르와 바벨론을 잇는 교차점에 위치하였다(겔 27:23). 하란은 고대로부터 달

◑ 하란

신인 신(Sin)의 숭배지로 잘 알려져 있으며 족장시대에 하란은 아브라함이 가나안으로 가는 여정에 잠시 머문 지역이자(창 11:31, 32, 12:4, 5; 행 7:2,4) 라반의 고향이며 야곱이 종살이를 하였던 곳이기도 하였다(창 27:43; 28:10).

한편, 아브라함의 부친 데라는 하란에서 장사되었고(창 11:31,31; 12:4,5) 나홀의 가족도 이곳에 정착하였다(창 24:24; 28:10). 마리(Mari) 지역에서 출토된 비문에 의하면 B.C. 18세기경의 하란을 살마굼(Zalmaqum)이라 언급하고 있다.

5. 족장 시대의 이스라엘 땅

유대교 전승에 의하면 팔레스타인은 히브리어 '에레츠 이스라엘'로 하나님의 약속의 땅이자 거룩한 땅으로 알려졌다. 구약 전승에 의하면 이스라엘 민족의 기원은 족장 아브라함이 갈대아 지역의 우르에서 하란으로 이주하였다가 부친의 사후 야훼 하나님으로부터 소명을 받고 가나안 땅으로 이주하였는데 그곳이 축복의 땅으로 알려져 있다(창 12:7).

그러므로 창세기에 나오는 족장들은 이곳에서 반 유목 생활을 하며 요셉 시대에 애굽으로 이주 하기전까지 생활하였다. 오늘날 이스라엘 지역을 팔레스타인이라 부르게 된 것은 제 1차 세계 대전 이후에 요단 강에서 서쪽으로 지중해 연안에 이르는 영국의 위임 통치 지역을 가리키는 공식명칭으로, B.C. 2세기에 로마 제국에서 사용하던 시리아 주의 남쪽 1/3 지역으로 시리아 팔라이스티나 란 이름을 다시 사용하게 되었던 것에 연유한다.

한편, 지리적으로 구약 성서의 배경이 되는 비옥한 초승달 지역의 길목에 위치한 팔레스타인은 유럽과 아시아, 그리고 아프리카를 연결하는 무역의 중심지로서 경제적, 군사적으로 중요한 위치를 차지하고 있었다. 지리적으로 팔레스타인은 지중해 동부 지역으로서, 이스라엘과 요르단을 포함하는 지역으로 동쪽의 요단강에서 서쪽의 지중해까지, 그리고 남쪽의 가자 지구에서부터 북쪽의 이스라엘과 레바논 국경 지대를 가리킨다.

해안 평야

이스라엘의 해안 평야는 북쪽으로 갈멜 산에서부터 남쪽으로 시나이 반도에 이르는 지역으로서 지중해 해안를 따라 넓게 펼쳐진 지역이며 북쪽으로 갈수록 좁고 가파른 모습을 하고 있다.

또한 해안 평야 지대에 속한 지역으로는 북쪽으로부터 에셀 지파의 소유로 된 비옥한 악고 평야(수 19:30), 이방의 갈릴리라고 하는(사 9:1) 뾰족한 창끝 모양을 하고 있는, 이스라엘에서 가장 크고 비옥한 이스르엘 골짜기와 고대로부터 야생 식물과 가축들의 천연 방목지로(대상 27:29), 장차

◑ 함무라비 법전

◑ 카타리나 수도원

변하게 될 땅에 대한 하나님의 복을 상징한 샤론 평야(사 35:1-2), 블레셋 민족의 본토이자 국제 해안 대로의 길목에 있는 비옥한 블레셋 평야, 밀과 보리 그리고 포도 농사로 적합한 세팔라 지역이 이 해안에 있다.

중앙 산악지대

중앙 산악 지대는 북 이스라엘의 중부이자 신약 시대에는 사마리아 지역에 해당되는 지역으로서 북쪽으로는 석회암으로 형성된 해발 1208m의 메론 산이 있는 험준한 갈릴리 고지와, 에브라임 지파에 속한 해발 1016m의 바알하솔(삼하 13:23)의 에브라임 산지, 그리고 가파른 경사지들이 있다. 그 중앙에 해발 약 900m의 헤브론이란 도시가 자리잡고 있다.

유다 광야와 예루살렘, 베들레헴이 있는 유다 산지와 블레셋 평야에서부터 내륙으

◑ 유대 광야

로 사해 남단에서 19km 서쪽으로 떨어진 '크고 두려운 광야'로 알려진(신 1:19) 움푹 파인 모양을 한 네게브 산지로 나누어 진다.

요단 계곡지대

요단 계곡은 갈릴리 바다와 사해 사이에 위치한 지대를 가리킨다. 골짜기가 해수면보다 낮아 갈릴리 바다의 남단에서는 고도

◑ 요단강과 압복강 사이 언덕

-210m에서 사해에는 고도가 -411.5m나 낮아 진다. 요단 계곡의 폭은 3.2~24km로 가장 넓은 지점은 사해 북단에 위치하고 있다.

성서는 이 지점을 요단 강 서쪽에서 '여리고 평지'(수 4:13)로 언급하고 강 동쪽을 가리켜 '모압 평지'(민 26:3)로 소개하였다. 요단 계곡의 길이는 약 105km밖에 되지 않으나 사해로 이어지는 S자형의 요단의 길이는 총 약 217km나 된다.

요단 동편(트랜스 요단)

요단 동편은 북쪽으로부터 야르묵강, 얍복강, 아르논강, 세렛 시내로 구분되어 있으며 지형은 고지대로서 대체로 해발 1,000m가 넘는다.

이곳에 위치한 지역은 풍요로움의 상징(렘 50:19)인 바산(골란 고원)과 모압(아르논강 이북), 그리고 오늘날 요르단의 수도인 암만이 된 구약 성서의 암몬(겔 25:4,5)(세렛 시내)과 사울의 통치 시대의 군사적 요충지(삼상 11:1-11)인 길르앗(얍복강), 그리고 에서의 후손이 살던 에돔 지방 등이 포함되어 있다.

6. 아브라함과 족장들의 생애

아브라함의 생애

• 아브라함의 고향 우르(창 11:27-32)

노아의 아들 셈의 후손이자 데라의 아들인 아브라함은 비벨토니아의 지배자 우르 제 3왕조(B.C. 2500-1950) 시대인 B.C. 2000년경 갈대아의 성읍인 우르에서 태어난 것으로 보인다(창 11:27-28).

당시 우르는 수천 가지의 다신을 숭배하고 있었고 성읍 중앙에는 신전이 높이 세워져, 주신으로 달의 신 난나(Nanna)를 숭배하고 있었다. B.C. 2004년에 제 3왕조가 멸망한 후 우르는 군소 국가들 사이에 권력투쟁의 무대가 되었다. 그러므로 권력 투쟁으로 인한 정치적 혼란은 데라가 가족을 데리고 북쪽으로 이동하는 요인이 되었고, 또한 당시 메소포타미아 남부 지역에서 더 이상 밀을 재배할 수 없게되자 식량난으로 인해 타 지역으로 이주할 수 밖에 없었던 것으로 보인다.

◑ 이난나 여신

◑ 달의 여신

• 하란으로 이주(창 12:1-4)

하나님의 부르심을 듣고 우르를 떠난 아브라함과 그의 가족은 하란으로 이주하였다(창 11:31,32). 메소포타미아 북부 에뎃사에서 약 40km에 위치한 하란은 아나톨리아와 앗수르, 그리고 바벨론을 잇는 무역의 중심지이었다. 그들이 이곳에 정착하는 동안 아브라함의 부친 데라가 이곳에서 장사되었다. 한편, 이곳은 이삭의 부인 리브가의 고향이자 야곱이 에서를 피해 20년간 라반의 집에서 종살이를 하며 아내 레아와 라헬을 신부로 맞은 곳이기도 하다(창 27, 28장).

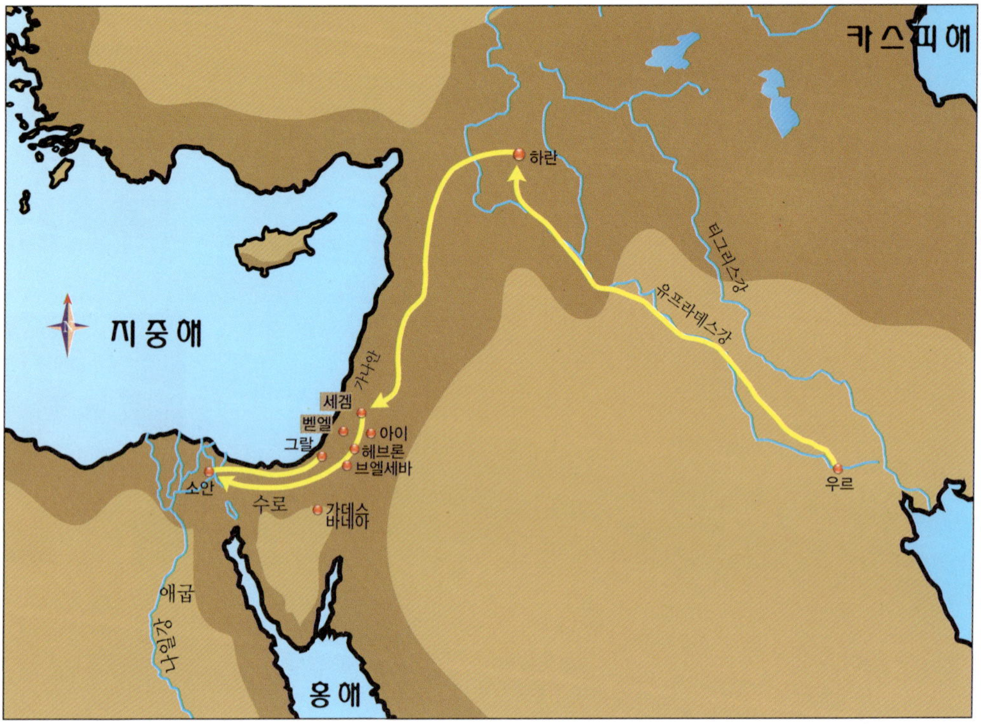

◑ 아브라함의 생애 지도표

• **세겜으로 이동(창 12:5-7)**

세겜은 예루살렘 북쪽 약 65km에 위치한 그리심 산의 동쪽 기슭에 있는 성읍으로서 상수리 나무가 있는 곳이다. 세겜은 히위 족속이 세운 도시로 하란에서 가나안 땅으로 이동한 아브라함 일행은 이곳 세겜의 상수리 나무 아래서 하나님께 단을 쌓았다.

• **벧엘로 이동(창 12:8)**

벧엘은 예루살렘에서 북쪽 약 16km떨어진 곳으로 본래 좋은 물을 공급하는 지역으로 '루스'(Luz)라는 이름을 가졌으나 이후에 야곱의 돌베게 사건으로 벧엘(하나님의 집)로 바뀌었다.

아브라함 일행은 세겜에서 벧엘로 내려와 이곳에 장막을 치고 단을 쌓으며 야훼란 이름을 처음으로 부르게 된다. 이후 야곱은 벧엘에 하나님의 나타나심에 대한 증표로 돌기둥을 세우고 기름을 부은 곳이기도하다(창 28:18).

• **애굽으로 이주(창 12:10-20)**

히브리어로 '미스라임'이라 하는 애굽은 나일강을 따라 비옥한 토양으로 인해 농업이 발달되고 촌락이 형성되어 고대 문명이 발생된 지역이다.

벧엘에 거주하던 아브라함 가족이 기근

으로 인해 애굽으로 이주하였다. 그러나 이곳에서 아브라함은 자기 아내 사라의 미모로 인해 자신에게 돌아 올 피해를 염려하여 실수하게 된다.

이러한 아브라함의 실수와 나약함으로 인하여 애굽의 바로는 큰 재앙을 만나게 되고 하나님을 두려워한 바로는 아브라함 일행을 후대하여 가나안으로 보낸다.

• 벧엘로 귀환(창 13:1-13)

기근으로 인해 애굽으르 간 아브라함 일행은 애굽에서의 위기와 어려움 속에서 하나님의 도우심을 경험하고 다시 벧엘로 귀환하였다. 하지만 벧엘에서 축복을 받은 아브라함과 조카 롯은 많은 가축 떼로 인하여 자신들의 목자가 다투자 서로 분가하

◑ 애굽지역

기로 결정하였다. 아브라함은 롯에게 먼저 선택권을 주고 롯은 이곳에서 선택의 기득권을 이용하여 소돔과 고모라를 선택하게 되었는데 이후 이 도시들은 죄악으로 인해 멸망의 도시로 변모하게 되었다.

• 헤브론으로 이동(창 13:18)

헤브론은 예루살렘 남쪽 약 30km에 위

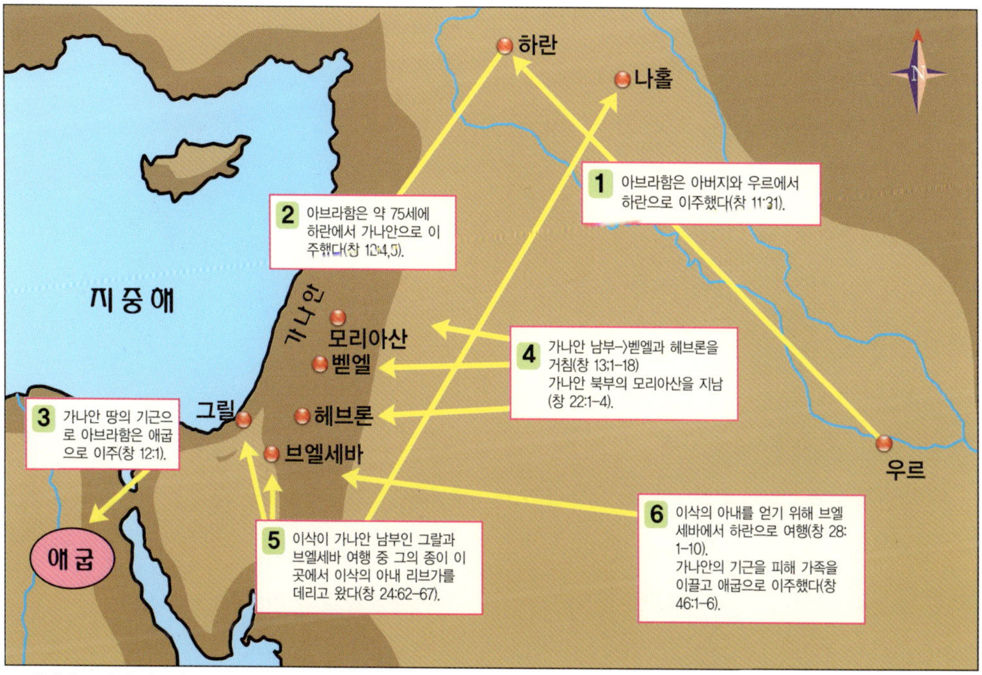

◑ 창세기 10장의 민족이동

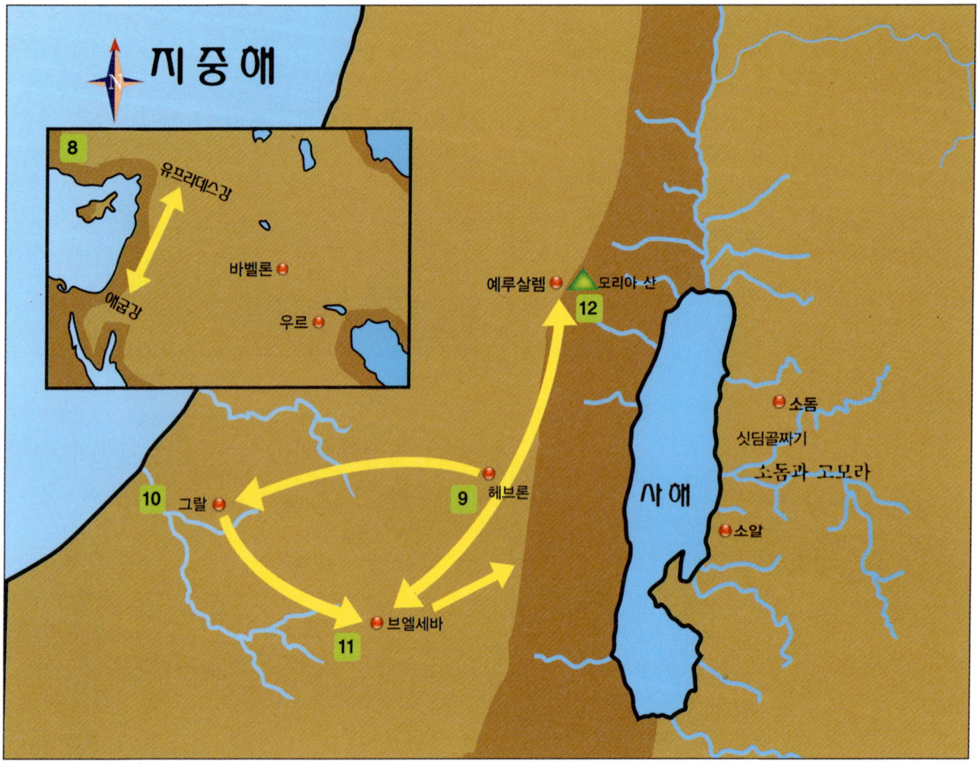

◑ 아브라함의 말년(창 14:1-25:8)

치한 지역이다. 벧엘에서 조카 롯에게 눈앞에 있는 땅의 선택을 위한 기득권을 내어 준 아브라함은 하나님으로부터 그의 후손에 대한 무한한 복을 받고 헤브론으로 즉시 이동하였다.

민수기 23장에는 이곳을 '기럇 아르바'라고 부르게 되었으며 이후에는 다윗 왕정의 초반 통치의 중심도시가 되었다(삼하 2장).

• 가나안의 남북 전쟁과 롯의 구출(창 14:1-16)

가나안의 남북 전쟁은 메소포타미아의 북부 4개국(고임, 시날, 엘라살, 엘람)과 가나안 남부 5개국(소돔, 고모라, 아드바, 스보임, 소알)의 전쟁으로서 북부의 승리로 끝이났다.

그러나 이 전쟁으로 인해 소돔에 살던 조카 롯이 포로로 끌려갔다. 그래서 아브라함은 그의 가신 318명을 거느리고 단과 호바까지 가서 북부 원정군을 격파하여 롯을 구출하였다. 한편, 그들이 귀환하는 도중에 예루살렘의 제사장 멜기세덱에게 십일조를 드리게 되자 그들의 제물을 받은 멜기세덱은 그들에게 축복을 하였다.

• 헤브론으로 귀환(창 15-19장)

헤브론으로 다시 귀환한 아브라함은 헤

브론에서 거주하는 동안 자손의 복과 아브람(고귀한 아버지)에서 아브라함(열국의 아버지)이라는 새 이름을 야훼로부터 받았으며 또한 복의 증표로 할례를 행하였다.

그는 소돔 성을 심판하러 온 천사를 대접하여 그의 조카 롯의 가족의 구원을 요청하였으나 마침내 거절 당하였고 롯은 천사에 의해 구출되었다. 하지만 그는 이곳에서 하나님의 약속을 기다리지 못하고 그의 부인 사래의 애굽 출신 여종 하갈을 취함으로서 이스마엘의 후손을 얻게 되는데 (창 16장) 이 후손이 바로 오늘날 기독교와 이슬람교간의 갈등의 불씨가 되었다.

• 그랄 이주(창 20,21장)

아브라함은 약 20년간 정착하였던 헤브론을 떠나 가사 남동쪽 약 20km 지점인 그랄 땅으로 이주하였다.

그는 이곳에서 애굽에서처럼 자신의 생명을 보존하기 위해 아내 사라를 누이라고 속여 사라는 그랄 왕 아비멜렉의 첩이 될 뻔하였다. 약속의 하나님은 다시 사라에게 이삭이라는 약속의 자녀를 얻게 하시고 그는 언약의 표시로 할례를 행하였다.

◑ 그랄 지역터

◑ 이삭과 아브라함의 우물

• 브엘세바로 이동(창 21:22-34)

브엘세바는 헤브론 서남쪽 약 45km에 위치한 곳으로 네겝 지방의 중요한 성읍 가운데 하나이다.

사라로 인해 실수를 저지른 아브라함은 그후 그랄왕 아비멜렉과 평화 조약을 맺고 그곳을 브엘세바라고 하였다. 아브라함은 이곳에서 에셀나무를 심고 영생하시는 하나님의 이름을 부르게 된다.

• 모리아 산 이동(창 22:1-18)

모리아 산은 예루살렘의 구릉지대이자 오늘날 이슬람교의 '암석돔'으로 알려진 브엘세바에서 사흘 길을 가는 산악지대이다. 아브라함은 100세 때에 얻은 이삭을 자신에게 바치라는 하나님의 명령을 듣고 순종하여 이삭을 바치려고 하자 그에게 양을 미리 준비하여 놓으셨다(야훼 이레).

◑ 이삭의 생애

이삭의 생애 (창 24:62-35:28)

• **브엘세바(창 21:2,3)**

아브라함이 100세 때 그리고 그의 부인 사라가 90세의 나이로 이삭은 브엘세바에서 태어났다. 노산으로 태어난 이삭은 그들의 웃음으로 인해 이삭(웃음)이란 이름을 얻었다(창 21:3).

그는 나은 지 8일 만에 할례를 행하고 육의 아들 이스마엘보다 더 많은 특권을 누리며 자란다(창 17:19-21).

• **모리아 산(창 22:1-18)**

야훼 하나님은 아브라함의 신앙을 시험하기 위해 아들 이삭을 바치라고 명한다.

그는 사흘 길을 가서 모리아 산에서 이삭을 번제로 바치려고 하였으나 하나님은 그를 위해 양을 미리 예비하셨다(야훼 이레). 하나님의 복을 받으며 이삭은 그의 부친과 함께 브엘세바로 귀환하였다.

• **헤브론(창 23:2-20)**

헤브론은 예루살렘에서 브엘세바로 통하는 요충지로서 이삭이 야곱과 함께 거주한 지역이며, 사라가 죽자 아브라함은 그의 묘소로서 막벨라 굴을 샀던 곳이다.

◑ 막벨라 동굴 위에 세워진 회교 사원

• 브엘라해로이(창 24:62)

브엘라해로이는 가데스 서쪽 3km떨어진 현재 베두인들의 '하갈의 우물'이라고 하는 곳으로 이삭이 그의 아내 리브가와 더불어 에서와 야곱을 낳은 곳이다(창 25:19-26).

• 그랄 골짜기에 거주 (창 25-28장)

이삭과 그의 가족은 그랄 골짜기에 거주하면서 계속해서 우물을 파고 다시 브엘세바로 이주하였다.

• 헤브론(창 35:27-29)

이삭이 나이가 많고 기력이 다하여 죽으매 헤브론의 막벨라 굴에서 장사되었다.

야곱은 말년에 12년간 그의 부친과 함께 이곳에서 거주한 듯하고 임종시 그와 다투던 에서가 이곳에 와 이삭을 장사하였다.

야곱의 생애(창 25:19-46:34)

• 브엘라해로이(창 25:19-28:5)

야곱은 형 에서와 함께 브엘라해로이에서 출생하였다. 그는 조용한 성격이나 민첩하고 빈틈없는 성격이었다. 하지만 그의 형 에서는 사냥을 즐기는 들사람이있나.

야곱은 에서가 배고파 혼비한 순간에 기회를 노려 팥죽 한 그릇으로 장자권을 얻었다(창 22:18). 간교한 동생에게 장자권을 빼앗긴 에서가 야곱을 죽이려고 하자 그의 모친 리브가는 자기의 고향 하란으로 보낸다(창 27장).

• 벧엘에서(창 28:10-22)

야곱은 장래에 대한 공포와 두려움으로 하란으로 가는 도중 벧엘에서 유숙할 때 희망을 약속하시는 하나님의 환상을 보았다. 그는 하나님의 인도에 대한 확신으로 그곳에 돌을 세우고 그곳을 벧엘(하나님의 집)이라 하였다. 그의 벧엘에서의 경험은 축복의 기원이 되었다(창 28장).

◑ 야곱의 우물은 헬라나 황후가 세운 교회 지하에 있다.

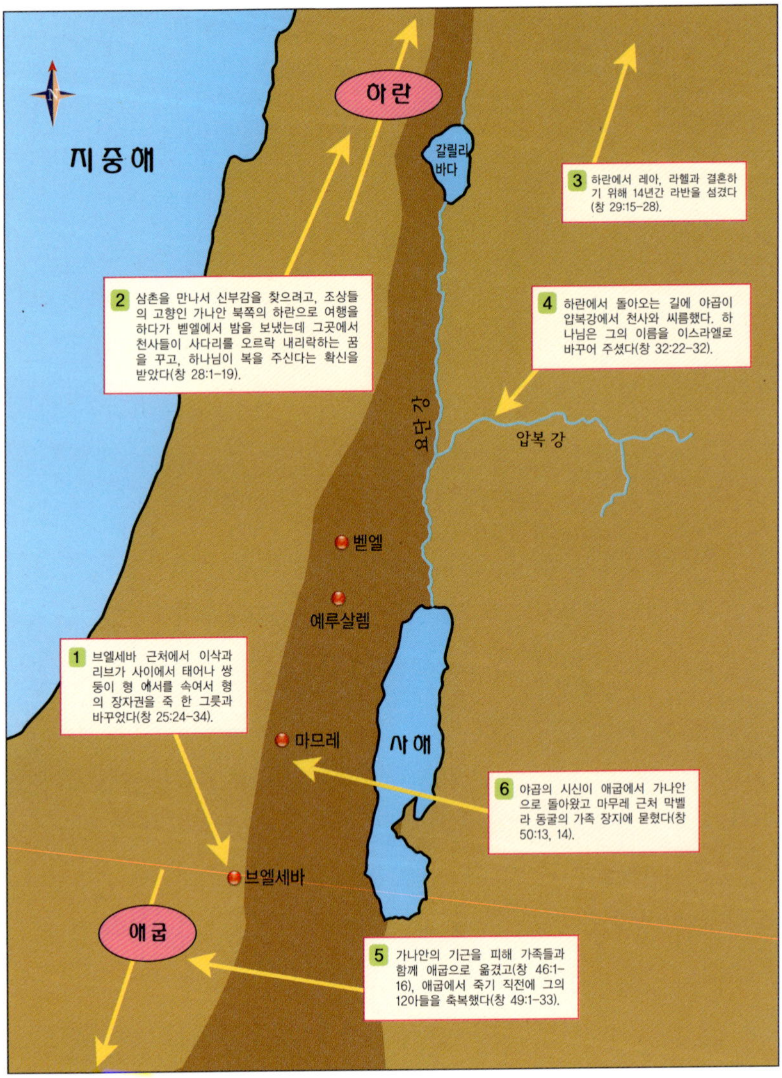

◑ 야곱의 생애

• **하란으로 이주(창 29:1-31:55)**

하란에 도착한 야곱은 우물가에서 목자를 만나 라반의 소식을 듣게된다. 그는 하란에서 20년 간 라반의 속임수에 빠져 라헬과 레아를 얻기 위해 봉사하였으며 그속에서 베냐민을 제외한 열 한 아들을 얻었다(창 29장).

그는 또한 하나님의 도우심으로 밀린 품삯을 받고 가축들의 왕성한 번식으로 인해 큰 부자가 되자 몰래 귀향하기로 결심한다. 하지만 라반은 도주한 야곱을 잡기 위해 7일이나 쫓아 마침내 길르앗 산에서 만나게 되었다. 그들은 이곳에서 서로 화친언약을 맺고 야곱은 그곳을 갈르엣이라 하였는데 후에 이곳을 미스바라고 하였다.

• 마하나임(창 32:1-21)

야곱은 가나안으로 귀향하는 도중 길르앗과 얍복강 사이에 있는 마하나임(군대)에서 하나님의 사자를 만난다.

하나님은 언약의 후사인 야곱이 가나안에 입성하는 것을 환영하고 20년 간 야곱의 생명을 노리고 있는 형 에서의 두려움에서부터 그를 보호하고자 하시는 하나님의 위로라고 볼 수 있다.

◑ 마하나임 유적

• 브니엘(창 32:22-32)

브니엘은 요단강 동쪽에 있는 성읍으로서 야곱은 귀향 도중에 이곳에서 하나님을 체험하고 '브니엘'(하나님의 얼굴)이라 명하였다. 야곱은 이곳에서 에서가 4백인을 거느리고 온다는 소식을 듣고 천사와 씨름하였다.

• 숙곳(창 33:1-17)

숙곳은 야곱이 귀향할 때 방문한 요단강 동편의 성읍이다. 야곱은 숙곳으로 가는 도중 에서를 만나 서로 화해하고 에서에게 선물을 주었다. 그후 에서는 세일로 떠나고 야곱은 숙곳에 잠시 머물게 되었다.

• 세겜 정착(창 33:18-34:30)

야곱은 세겜 성 앞에 장막을 치고 세겜의 아비 하몰의 아들들의 손에서 은 일백개로 그가 거주하던 곳을 사서 제단을 쌓고 그곳 이름을 '엘엘로헤이스라엘'(하나님, 이스라엘의 하나님)이라 하고 그곳에 정착하였다.

그러나 그 땅의 추장 세겜에게 그의 딸이 강간당하자 야곱의 아들들은 그들을 속여 할례를 요구하고 그들의 몸에 통증이 유발되자 세겜 성 사람들을 칼로 철저히 복수를 하였다. 야곱은 이곳에서 하나님의 음성을 듣고 벧엘로 올라갔다.

• 벧엘에 거주(창 35:1-15)

벧엘에 도착한 야곱은 그곳에서 단을 쌓고 그곳을 벧엘이라 불렀다. 한편, 이곳에서는 리브가의 유모인 드보라가 죽자 벧엘에 있는 상수리 나무 아래서 그를 장사 지내고 그 이름을 '알론바굿'(애곡의 상수리나무)이라 하였다.

• 베들레헴(창 35:16-19)

야곱이 벧엘을 떠나 베들레헴 근처 에브

랏에 이르자 그의 부인 라헬이 베냐민을 낳고 죽게되었으며 그는 라헬을 위해 묘비를 세웠다.

라헬의 묘비는 A.D. 4세기에 성서 고고학자들에 의해 베들레헴 북쪽에서 발견된 '쿠벳 라헬'(터어키어. 라헬의 무덤)과 동일한 것으로 간주하고 있다.

• **헤브론(창 35:21-29)**

세겜에 있던 야곱은 이삭의 말년에 헤브론으로 가서 약 12년간 함께 거주하며 그의 형 에서와 함께 180세를 산 부친의 임종을 보았다.

• **브엘세바(창 46:1-4)**

요셉을 보기위해 야곱은 애굽으로 내려가던 중 브엘세바에 도착한다. 그는 미지의 세계인 애굽에 대한 두려움으로 가득차 있을 때 이곳에서 하나님의 반복된 언약을 믿고 용기를 얻게 되었고 그곳에서 제단을 쌓았다.

◑ 브엘세바 유적

• **애굽 이주(창 46:5-49:28)**

마침내 야곱은 그의 열두 아들들과 함께 애굽으로 이주하여 요셉과 상봉하고 나일강 삼각주 동쪽 지역에 위치한 최적의 목초지인 고센 땅에 거주하였다.

야곱은 이곳에서 17년간 거주하고 그는 요셉의 두 아들 에브라임과 므낫세를 축복하고 애굽에서 죽었으나 가나안 땅 막벨라 굴에 장사되었다.

요셉의 생애(창 37:15-50:26)

• **밧단아람(창 30:23-27)**

요셉은 야곱의 열 한번째 아들이자 라헬의 소생으로 가나안에 들어오기 6년 전 밧단아람에서 출생하였다.

그는 야곱이 사랑하는 라헬의 아들이었으므로 야곱에게서는 사랑을 받았으나 형제들로 부터는 부친의 그에 대한 편애와 꿈 이야기로 인해 미움을 얻었다.

• **세겜으로의 여행(창 37:15-17)**

요셉은 세겜에서 양을 치고 있는 형제들이 무사한지 보고 오라는 야곱의 명령으로 헤브론을 떠나 세겜에서도 북쪽으로 24km떨어진 도단에 갔다. 하지만 그는 형제들의 미움으로 미디안 상인에게 팔려 애굽으로 간다.

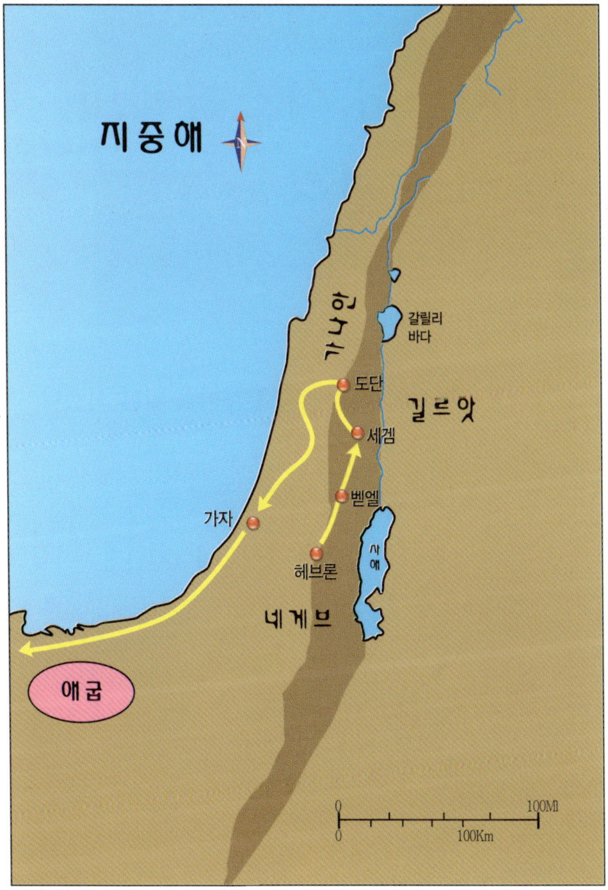

◑ 요셉의 생애

• 애굽(창 37:28-50장)

요셉은 미디안 상인에게 팔려 애굽의 시위대장 보디발의 가정 총무로서 생활하였다. 그는 보디발의 아내로 인해 감옥에 갇혔으나 하나님의 도우심으로 바로의 꿈을 명쾌하게 해석하여 30세에 애굽의 총리가 되었다.

• 고센(창 46:28-34)

요셉은 가나안 땅의 기근으로 인해 애굽으로 곡식을 사러 온 그의 형제들에게 부친의 소식을 듣고 야곱과 그의 형제들을 나일 삼각주 북쪽에 위치한 비옥한 땅 애굽의 고센(라암세스)으로 모셔와 형제들과 화해하고 야곱 모든 일가는 고센에 거주하게 된다.

• 헤브론 여행(창 50:16-26)

요셉의 부친 야곱이 죽자 그는 70일간 애도의 예를 표하고 야곱 생전에 그의 유언에 따라 가나안 땅 헤브론에 있는 막벨라 굴에 그를 장사하였다.

• 애굽(창 50:22-26; 출 13:9; 수 24:32; 히 11:22)

요셉은 장수와 부귀영화를 누리다가 110세에 죽었다. 하지만 그의 유언대로 이스라엘 백성이 출애굽 시에 그의 유골을 가나안으로 운반하여 세겜에 장사하였다

◑ 고센시내

II 이집트와 이스라엘의 출애굽 여정

1. 고대 이집트의 역사와 사회, 문화, 종교

고대 이집트의 지리적 위치

지리적으로 이집트는 크게 두 부분으로 나뉜다. 하나는 이집트 문명이 발생된 삼각주 형태의 넓고 비옥한 '하부 이집트'와 척박하고 사막으로 이루어진 '상부 이집트'로 되어 있다. 메소포타미아 문명과 달리 이집트는 지리적인 위치가 폐쇄적이어서 정치와 문화적인 색채가 단조로웠으며 사막과 바다로 둘러 싸여 있어 외부의 침입 없이 2000년 동안 고유 문화를 간직할 수 있었다.

역사 학자인 헤로도투스(Herodotus)는 이집트 문명을 '나일강의 선물'이라 하였으니 이집트는 나일강의 영향을 가장 많이 받은 나라이다. 하지만 나일강은 해마다 범람하여 홍수로 인하여 모든 것들이 진흙에 묻히기도 하였으나 오히려 고대 이집트인들은 나일강의 범람을 연구하면서 기하학과 태양력, 그리고 건축과 천문학을 발달 시켰다.

이집트의 역사

함 족(Ham)은 B.C. 4000년경, 이집트 전역에 40여 개의 도시 국가(Nomos)를 세웠다가 B.C. 3500 년 경에는 상, 하 두 왕국으로 통합되었고, B.C. 3000년 경에는 통일 왕국이 성립되었다. 통일 왕조 수립 후 26왕조가 흥망하였는데, 크게 대략 3개의 시대로 나눌 수 있다.

• 고왕국 시대(B.C. 2686 ~ 2181)

이집트 고왕국 시기는 이집트 제 3왕조부터 이집트 제 6왕조까지의 기간(B.C. 2686년~B.C. 2181년)에 해당된다. 고왕국 시기 동안 고대 이집트의 왕권은 크게 신장되어 파라오의 중앙집권적인 전제군주의 힘이 강화된다. 이러한 사실은 이집트 제 4왕조가 남긴 수많은 유적들, 특히 쿠푸의 대 피라미드를 통해 확인할 수 있다.

정신적인 면에서도 왕의 위치는 신과 동격으로 격상되어, 초기에는 호루스의 화신으로, 이집트 제 5왕조부터는 태양신 라(Ra)의 아들로 숭배되었다. 파라오의 신격화와 대 피라미드의 건설 등으로 상징되는 고왕국의 부흥은 제 6왕조 시기부터 서서히 약화되었으며, 왕권은 붕괴되어 이집트의 제 1중간기를 맞이하게 된다.

• 중왕국 시대(B.C. 2060 ~ 1670)

중왕국 시대는 고대 이집트의 시대 구분 중 하나로, 제 11왕조의 멘투호테프 2세가 상하 이집트를 재 통일한 B.C. 2040년부터 제 12왕조가 몰락하는 B.C. 1782년 까지이다.

• 신왕국 시대(B.C. 1290~1185)

제 19왕조(B.C. 1570~525)는 이집트 신왕국 시대의 왕조로, 신왕국 시대의 황금기이다.

• 제 19왕조의 역대 파라오

대 수	성 명	재위기간
제 1대	람세스 1세	B.C. 1293년 ~ B.C. 1291년
제 2대	세티 1세	B.C. 1291년 ~ B.C. 1278년
제 3대	람세스 2세	B.C. 1278년 ~ B.C. 1212년
제 4대	메르넵타	B.C. 1212년 ~ B.C. 1202년
제 5대	아멘메세스	B.C. 1202년 ~ B.C. 1199년
제 6대	세티 2세	B.C. 1199년 ~ B.C. 1193년
제 7대	시프타	B.C. 1193년 ~ B.C. 1187년
제 8대	투스레트	B.C. 1187년 ~ B.C. 1185년

이집트인들의 사회와 문화

◑ 피라미드와 스핑크스

고대 이집트인들은 대다수가 부자유 농민으로서 공납과 부역의 의무를 지고 있었다. 귀족들과 관료들은 신관으로서 왕에게서 넓은 토지를 받아 그 세력이 강대하였다. 한편, 국왕은 파라오(Pharaoh : 큰 집)라 불리웠고, 태양의 신으로서 절대적인 권력을 장악하고 토목 사업에 농민과 노예를 동원하였다.

이집트인들의 미술은 피라미드나 신전의 축조 및 그 장식이 미술의 주류를 이루었다. 특히 열주(列柱) 양식은 조각, 그림, 공예품과 함께 솜씨가 뛰어났다.

한편, 나일 강의 범람 시기를 알기 위해 천문학과 태양력이 만들어졌고 범람 후의 경지 측정의 필요성에서 기하학이 발달하였다. 또한 신전의 축조 과정에서 건축술, 지렛대, 도르레의 원리가 이용되었으며 수학에서는 10진법이 사용되고, 미이라 제작 과정에서 외과 의학이 발달하였다.

이집트의 신성 문자(Hieroglyph – 히에로글리프)인 상형 문자가 사용되어 부분적으로는 표음 문자의 단계까지 도달하였다. 파피루스로 만든 종이에 갈대로 만든 펜과 검댕이 잉크를 사용하였다.

고대 이집트의 신들

◑ 이집트 유적

이집트인들은 오리엔트의 다른 나라들처럼 다신교를 숭배하였다. 그 중에서도 태양신인 라(Ra)와 나일 강, 저승의 신인 오시리스가 가장 숭배되었다. 태양신 라 밑에는 공기의 신 '슈', 습기의 신 '테프누트'가 있었다.

이들 신은 서로 결합하여 대지의 신 '게브'와 하늘의 여신 '누트'를 낳았다. 이들 신이 또한 결합하여 '세트', '네프티스', '오시리스', 그리고 '이시스'를 낳았다. 이어 오시리스는 이시스와, 세트는 네프티스와 각각 결혼하였다. 그리하여 오시리스 호루스를 낳고, 세트는 아누비스를 낳았다.

이 오시리스의 아들 호루스와 세트 사이에 격렬한 싸움이 벌어지는데, 이 신화를 통하여 이집트인의 강한 내세의 신앙과 부활에 대한 생각을 엿볼 수가 있다. 이집트인들은 메소포타미아와 달리 영혼 불멸을 믿어 미이라를 만들어 시체를 보존했고, '사자의 서'를 기록하여 내세의 심판에 대비하였다.

◑ 출애굽과 관련된 애굽의 통치자

• 파라오와 피라미드

고대 이집트에서 파라오는 신의 대변자이며, 태양의 아들이고, 백성을 마땅히 지배할 권리가 있는 사람으로서 정치와 종교의 최고 지도자이었다.

파라오는 인간이 아닌 신으로서 숭배되었기 때문에 파라오가 죽으면 육체를 모두 소진하고 영혼으로서 다스린다고 생각하여 파라오가 영원히 사는 궁궐의 의미로서 피라미드를 만들었다.

정사각뿔 형태의 피라미드(pyramid)는 특히 애굽의 기자의 3대 피라미드가 가장 유명하다. 현재 80여개 가 알려져 있으나 대부분 카이로 서쪽 아부 라와슈에서 일라훈에 이르는 90km인 나일 강 서안 사막 연변에 위치하고 있다.

그리스의 역사 학자인 헤로도토스는 '기자에 있는 제 4왕조에 속한 쿠프(Khufu) 왕조의 대(大)피라미드를 만드는데 10만 명이 3개월 교대로 20년에 걸쳐 지었다'고 기술하고 있다.

2. 이스라엘의 출애굽
(B.C. 1290-1020)

출애굽이란 단어는 헬라어 엑소더스(Exodus)로서 '출발 또는 탈출'이란 의미를 지니고 있다. 이스라엘 민족이 애굽에

출애굽 경로

수도
요새
가나안에 있어서 이스라엘
출애굽경로
처음 간 길
나중에 간 길
교역로
늪지대
이스라엘의 팽창 및 정착
지중해
햇 왕국
바산
길르앗
가나안
암몬
모압
에돔
시나이 반도
애굽
홍해
수에즈 만
아카바 만
사해
0 32 64 96 128 160Km

정착한 지 약 4백년이 되었을 때 그들을 알지 못하는 왕이 등극하여 이스라엘 백성들은 극심한 탄압을 받기 시작하였다. 통치자 파라오는 당시 부유하고 장정만 60만명의 이스라엘 백성을 두려워한 나머지 그들을 노예의 지위로 전락시켰다. 그러므로 그동안 모든 혜택을 받아 오던 그들에게 강제노역과 학대는 지극히 견디기 힘든 것이었다(출 1:8~14).

한편, 애굽 왕은 이스라엘 백성이 번성하자 그들이 강해지면 애굽을 대적하고 떠날 것이라는 생각에 이스라엘 민족의 노역을 갈수록 더욱 무겁게 하였다. 또한 그들은 이스라엘 민족의 인구증가를 억제하기 위해 산파들에게 이스라엘 민족에게서 태어나는 모든 남자 아이를 다 죽이라고 명한다. 그러나 히브리 산파들이 이를 따르지 않자 그의 모든 백성들에게 이스라엘의 갓 태어난 남자 아이를 하수에 던져 죽이라고 명령하였다.

극심한 고통을 당하던 이스라엘 백성들은 하나님께 구원을 간청하였고 때가 되자 하나님은 그들의 기도를 들으시고 이스라엘 백성을 고통속에서 구원하셨다. 그러므로 출애굽기는 크게 두부분으로 양분되는데 전반부(1-18장)는 이스라엘을 해방시키시는 하나님을 언급하고, 후반부(19-40)는 하나님이 택한 백성과 언약을 맺으시는 장면을 보여준다.

참조 : 출애굽 연대설

- 전기(1446) 연대설(아멘 호텝 2세 1290)
- 후기(1290) 연대설(람세스 2세 1290-1224)

전기 연대설 우세

출애굽 여정의 시작(고센과 라암셋)

나일 삼각주 북동쪽에 위치한 국고성이자 이스라엘 백성이 거주한 고센(창 46:28) 땅은 비옥한 토양과 풍부한 물로 인하여 농사 짓기에 최적의 땅이었다. 또한 고센 지역의 라암셋은 이스라엘 백성들의 노역으로 건설한 국고성이자 요새로서 고센 지역에서 가장 번성한 중심 성읍이었다. 이스라엘 백성의 출애굽 사건은 고센 지역 라암셋에서 시작되었다(출 1:11).

• 숙곳 ➜ 에담(출 13:20-22)

숙곳은 히브리어로 '작은 집'이란 뜻이다. 야곱이 하란에서 돌아와 이곳에서 집과 외양간을 지었으며 이스라엘 백성들이 라암셋을 출발하여 처음으로 진을 치던 곳이다(출 12:37, 13:20). 당시 이스라엘 백성

◑ 숙곳 지역

들이 애굽에서 가나안 땅으로 가는 길은 세가지 길이었다. 첫째로, 고센 지역에서 지중해를 거쳐 블레셋으로 가는 길, 둘째로, 고센 지역에서 숙곳을 지나 술광야 중심부를 지나 가나안의 중앙을 지나는 길, 그리고 셋째로, 온(On)을 떠나 수에즈만의 북단을 거쳐 시내 반도의 중앙부를 통과하여 아카바만으로 직행하는 길이었다. 그러나 이스라엘 백성들은 이 길들을 선택하지 않고 숙곳에서 발행하여 광야 끝 에담(히브리어 '성벽')에 장막을 쳤으며 여호와께서는 그들을 보호하사 낮에는 구름 기둥으로 그리고 밤에는 불 기둥으로 그들에게 비추어 여정을 인도하였다.

• 에담 → 바알스본 맞은편 → 홍해(출 14:1-15:21)

이스라엘 백성들이 에담에서 진을 치고 있을 때 변심한 바로는 병거 육백승의 대부대를 보내어 비하히롯 곁 해변까지 추격하였다. 위기에 처한 이스라엘 백성은 여호와께 부르짖고 그를 원망하자 여호와는 모세를 통해 홍해를 가르시고 마른 땅처럼 이스라엘 백성들을 건너게 하시며 애굽의 군대를 홍해에 수장 시키는 기적을 베푸시고 그들은 여호와의 기적을 체험하고 그에게 출애굽의 찬양 노래를 부른다

• 홍해 → 마라 → 엘림(출 15:22-27)

홍해를 건넌 이스라엘 백성은 모세의 인도로 수르 광야로 들어가 사흘 길을 여행하였다. 그러나 그들은 그곳에서 물을 얻지 못하고 마라(출 15:23)에 이르러 물을 발견하였으나 써서 마시지 못하게 됨으로 모세에게 원망을 하자 여호와께서 모세에게 지시하여 물을 달게 하여 마시게 히었다. 다시 그들은 마라를 떠나 '큰 나무'란 뜻을 지닌 엘림에 도착한다. 이곳은 마라에서 약 10km 남쪽에 있는 곳으로서 물이 풍부하고 물 샘이 열두개와 종려 칠십 주가 있어 여호와께서는 지친 그들에게 휴식처를 제공하였다.

◑ 마라의 샘

• 엘림 → 신 광야(출 16:1-36)

이스라엘 백성은 라암셋을 출발하여 신 광야까지 출애굽 한 후에 한달 만에 신광야에 도착하였다. 그러나 계속되는 광야 여정에서 음식이 없자 다시 불평하기 시작하였고 여호와께서 그들에게 만나와 메추

라기(13-30절)를 보내어 죽음의 땅에서 생명을 보존하는 길은 오직 여호와에게만 있음을 알게 하시고 그것을 간수하여 증거를 삼으셨다(31-36).

• 신 광야 → 르비딤(출 17:1-18:27)

마라 지역에서의 갈증의 기억이 사라지기도 전에 이스라엘 백성들은 르비딤 지역에서 다시 갈증으로 인해 불평하자 모세 또한 하나님께 원망하였다. 여호와께서는 또 다시 모세를 통해 반석을 쳐 물을 마시

◑ 신광야

게 하는 기적을 베풀었다. 한편, 르비딤에서는 이스라엘 백성이 최초로 아말렉과 전쟁하여 값진 승리를 얻게 되는데 전쟁의 승패는 인간의 능력에 있지 않고 하나님께 달려 있음을 기도를 통해 알게 하였다. 그들은 모세가 팔을 들고 기도한 장소에 단을 쌓고 그곳을 여호와 닛시(여호와는 나의 깃발)라 불렀다. 한편, 사위인 모세를 치하하기 위해 방문했던 장인 이드로는 모세의 이스라엘 통치의 비능률적인 문제를 목격하고 행정 조직을 개편하여 유능한 일꾼들이 공동체를 이끄는 두령이 되게 하여 행정과 사법의 효율성을 가져왔다.

• 르비딤 → 시내산(출 19:1-40:33)

마침내 이스라엘 자손이 라암셋을 출발하여 3개월만에 시내산에 도착하였다(출 19:1). 여호와는 시내산에 강림하여 모세에게 십계명을 주었으나 그를 기다리는 백성들은 금송아지 우상을 만들어 숭배하고 있었다. 하나님은 자기 백성들에게 자신이 거할 수 있는 성막을 만들도록 하였다. 성막은 애굽을 출발한지 2년째 되는 해의 년초에 세워졌다(출 40:7). 성막은 길이 45m, 폭 22.5m로서 뜰 가운데 세워졌고 뜰 사면은 광목 휘장으로 가리워졌으며 청동으로 만든 60개의 기둥으로 지탱하였다. 뜰 안에는 번제를 위한 큰 제단이 있었고

◑ 르비딤 언덕

(출 27:1-8), 제사장들이 제사를 위해 자신의 몸과 제물을 씻는 청동물두멍이 있었다(출 30:17-21). 뜰의

서쪽 끝에 세워진 성막은 목재로 만들어지고 길이 14m, 폭 4.5m로 두꺼운 휘장으로 성소와 지성소를 구분하였다. 성소 내부에는 진설병의 책상, 금촛대, 분향 제단과 지성소 안에는 나무로 만든 언약궤에 금박을 입힌 상자 모양의 증거판, 만나 항아리, 아론의 싹난 지팡이가 있었다(출 25:16,22).

• 시내산 → 다베랴 → 하세롯(출 40:34-38; 민 10:33-11:30, 11:51-12:15)

시내산에서 1년을 머문 후 이스라엘 백성들은 북진하여 3일 후에 다베랴에 도착하였다. 그러나 고기를 그리워하는 백성들의 원망으로 하나님은 이들을 불로 징계하시고 메추라기를 내리셨다. 한편, 히세롯에서는 미리암과 아론이 모세를 비방하자 하나님의 징계를 받았다.

◑ 시내산

• 하세롯 → 바란 광야 → 가데스 바네아 → 바란 광야 → 가데스 바네아 → 호르산(민 12:16-21:3)

이스라엘 백성은 하세롯을 출발하여 바란 광야 북쪽 가데스(히. '거룩하다')에 도착하였다. 이곳에서 그들은 가나안 땅을 정복하기 위해 12명의 정탐꾼을 보냈으나 10명의 불신앙적인 보고를 듣고 또다시 원망한 백성들은 약 40년간 광야를 방황하게 되었다(신 2:14). 하나님 명령에 불순종하여 아말렉과 전투에서 패한 것과 모세의 리더쉽에 대한 고라의 반역(민 16장)과 징계, 미리암의 죽음(민 20장), 123세에 아론의 죽음, 그리고 백성들이 물을 요구하자 하나님의 말씀대로 순종하지 않고 바위를 쳐 물을 낸 모세의 실수가 모두 광야 생활 속에서 일어났다.

◑ 바란광야

• 약속의 땅 가나안을 향하여

호르산에서 내려와 이스라엘 백성은 에돔을 지나(민 21:4), 모압 지역을 거쳐 아르논 강에 도착하였다(민 21:13). 그들은 요단 북쪽으로 전진하여 모압과 암몬의 경계선상에 위치한 헤스본에서 아모리 족속의 왕

시혼(민 21:26)과 바산 왕 옥(민 21:33)을 격파하고 남하하여 여리고 맞은편 모압 평지로 귀환하였다(민 21:21-22:1).

한편, 모압 왕 발락이 거짓 선지자 발람을 동원하여 이스라엘을 저주하려 하였으나 하나님이 이스라엘을 보호하셨다(민 22-24장). 모세는 40년 간 이스라엘 백성을 이끌고 가나안 땅을 향해 가다가 모압 광야에서 여리고 맞은편에 있는 '느보 산 비스가' 정상에서 가나안 땅을 바라보며 120세에 임종한다(신 34:1-6).

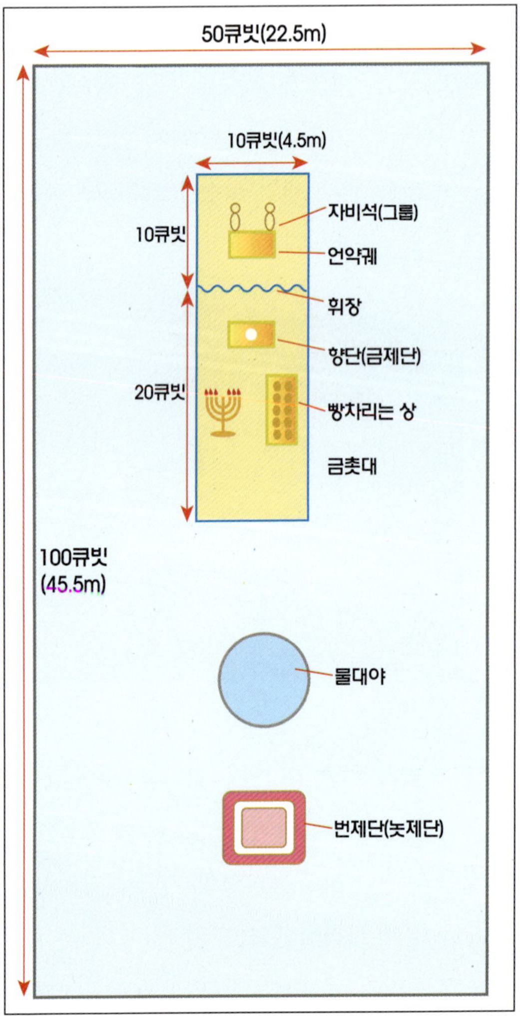

◑ 성막

이스라엘 출애굽 기간 동안의 광야 생활에서 성막을 통한 예배를 가장 중요한 것이였다. 왜냐하면 하나님은 이스라엘 민족을 출애굽하시도록 한 이유가 그들을 통한 경배를 받으시기 위함이였다.
이스라엘 민족은 성막을 중심으로 한 생활을 했다. 철저히 하나님의 민족으로 거듭나기 위해 먹고 마시고 입는 것까지 하나님의 음성에 순종했다.
번제단에서 짐승을 잡는 것부터 시작하여서 자비석에 피를 뿌리는 전과정을 통해 어떻게 죄인이 용서받는 가를 잘 보여준다. 이 성막에서 제사는 전적인 하나님의 은혜의 상징이며 신약에 오신 예수 그리스도의 속죄제사를 예표하는 것이였다.

가나안 족속의 위치

시돈
히위족속
헐몬 산
다메섹
알랍
아벨벧마아가
단
두로
호사
가나
벧아낫
게데스
메롬
메롬호
암몬
헷족속
악십
압돈
벧세메스
마돈
마술
벧에멕
벳새다
악고
기르가스 족속
갈릴리 바다
가르나임
가블
가나
아벡
아스다롯
한나돈
아래 아벡
위 아벡
악삽
엔간님
기드론
갈멜산
시므론
나사렛
다볼산
가르디
담베셋
엔돌
가다라
욕느암
가나안 족속
아르룻
돌
므깃도
하비라임
로드발
벧아벨
아모리족속
에드
다아낙
라못 길르앗
벧산
길보아산
르홉
야베스 길르앗
도단
브리스족속
헤벨
데베스
디르사
요단강
거라사
지중해
사마리아
에발산
가나안 족속
사르단
세겜
숙곳
얍복강
브누엘
0
20Km
아벡
바라돈
욕므암
사르단
미스바
아담
르보나
아벡
실로
오노
욥바
아셀
욕브하
브도님
스레다
오브라
랍바
벧니므라
히위족속
룻
벧엘
아이
아래 벧호론
길갈
아벨그라밈
위 벧호론
여리고
깁브돈
게셀
아얄론
미스바
헤스본
얍브넬
바라
벧아라바
에셀
시그론
기브온
벧호글라
벧여시못
벧브올
블레셋족속
에그론
딤나
소라
예루살렘
엿선
느보산
메드바
암몬
아스돗
벧세메스
가드
베들레헴
아둘람
야하스
립나
드고아
아모리족속
아스글론
마레사
벧술
느십
아다룻
라기스
벧가뭘
디본
헤브론
에글론
아로엘
사해
엔게디
드빌
십
갈멜
아르논강
가사
헷족속
마온
시글락
그랄
산산나
얏딜
라피아
벧벨렛
아르
아랏
소돔
사루헨
고모리
브엘세바
길하렛셋
호르마
아도마
모압
호로나임
아로엘
소알
겐족속
에돔

III 이스라엘의 가나안 정복

모세가 죽은 후 새 지도자인 여호수아를 중심으로 이스라엘 백성은 요단 강을 건너 하나님의 거룩한 성전(聖戰)을 수행한다. 거대한 가나안 정복은 3단계로 시도 되었다. 첫째로, 이스라엘 온 민족이 단결하여 가나안 땅에서 주요 전략 요충지를 점령하여 거점을 확보한 후 정착할 기반을 마련하고 둘째로, 정복한 가나안 땅을 분할하여 이스라엘의 12지파가 자신의 땅으로 삼고 셋째로, 각 지파와 연합하여 미정복지를 지속적으로 정복하는 것이었다.

1. 가나안 원주민들

가나안의 초기 역사와 어원은 명확하지 않으나 B.C. 18세기 경에 이집트의 비문에는 소아시아와 애굽 사이의 해안이라 명하였다. 가나안 족속은 B.C. 3천년경에 아라비아 반도 북동쪽에서 이동한 본래 셈족계열(아모리, 베니게, 브리스, 헷, 아말렉, 히위, 여브스, 가나안 등)의 일부였다. 그들은 B.C. 15세기까지 애굽의 지배를 받았으며 이후 출애굽한 이스라엘 백성에게 정복 당하였다.

한편, 성서는 창세기에 가나안의 족보는 가나안이 함의 아들이었으며 그의 후손들이 가나안을 정복하여 그 지역을 가나안으로 명하였다고 기록한다(창 9:18,22, 10:6).

가나안 족(Canaanites)

일반적으로 '가나안 족속'은 두가지 의미를 지닌다. 하나는 광의적인 의미로서 가나안 땅에 거주하는 모든 족속을 의미하지만, 좁은 의미로는 두로와 시돈, 베니게 지역과 해안과 요단 계곡, 요단 평원에 거주하는 자를 지칭한다(창 10:19; 민 13:29). 그들은 해안을 이용하여 무역업을 하였기 때문에 여기에 거주하며 상인으로 잘 알려져 있다. 사사 시대의 요충지였던 하솔의 왕 야빈은 가나안이었으며 신약 시대에 두로와 시돈 지방에서 고침을 받은 여인도 가나안 족속이었다(삿 4:2; 마 15:21).

아모리 족(Amorites)

아모리 족은 B.C. 3000년 경 현재 시리아의 팔미라 사막 지역에서 유목 생활을 하였다. B.C. 2300년 경에 메소포타미아의 비옥한 초승달 지역으로 이주해 온 유목민이었다.

이스라엘 백성의 정복 당시 그들은 산간 지역에 살고 있었으나 초기에는 힘이 강성하여 아모리 족은 가나안 땅의 모든 족속으로 이해되었다(민 13:7-21). 그러나, B.C. 16세기에 힛타이트족에게 패하여 산간 지역에 흩어져 살다가 B.C. 1000년 경에는 아람 족속의 침입으로 세력이 완전히 상실되었다.

헷 족(Hittites)

성서에 언급된 헷 족속은 가나안의 둘째 아들 헷(창 10:5)의 자손이다. 그들은 최초에 아타톨리아라고 하는 소아시아의 북쪽 흑해와 가까운 곳에 살다가 18세기에 힘이 강성해지자 남쪽으로 세력을 확장하여 이동하였다. 이스라엘의 가나안 정복 당시 그들은 광야의 레바논에서부터 유브라데 강까지 방대한 영토를 가지고 있었으나 B.C. 12세기에 블레셋 등 해양 민족에게 점령당하여 제국의 힘이 약화되었다.

◑ 헷 족의 근거지 핫투사

한편, 잔존하는 세력은 시리아 북부에 일부 거주하였으나 B.C. 8세기경 앗수르에 의해 멸망하였다. 성서는 아브라함의 처 사라가 죽자 그녀의 무덤인 막벨라 굴을 헷 족에게서 샀으며(창 23:3,4), 에서의 아내 중 두 명을 헷 족에게서 얻었고(창 26:34), 다윗 시대에 그의 휘하 장수 우리야도 헷 사람이었나(삼하 23:39).

여부스 족(Jebusites)

여부스 족은 B.C. 3000년 경에 예루살렘에 거주한 원주민으로서 예루살렘을 여부스라 불렀다. 이스라엘 백성이 가나안을 정복할 당시 그들은 예루살렘과 그 주변 산간 지역에 거주하였다. 다윗의 예루살렘 정복 때에도 그들은 완전히 멸절되지 않고 이스라엘 백성들과 섞여 살았으며 솔로몬의 성전 건축 당시 역군으로 강제 노동에 동원되기도 하였다(왕상 9:20,21).

브리스 족(Perizzites)

아브라함이 살던 족장 시대에도 브리스인들은 가나안 땅에 거주하였다(창 13:7, 15:20). 한편, 그들은 가나안 후손들의 계보에서는 언급되어 있지 않으나 '브리스'(히. '시골사람')라는 이름의 의미를 살펴보면 이들이 가나안 후손 중에 흩어져 살던 사람이 후에 브리스 족을 형성하였던 것으로 보인다.

그들은 가나안 정복 당시 완전히 점령당하지 않았으나 솔로몬 시대에 이스라엘의 노예가 되었고(왕상 9:20-21) 그 중 일부는 이스라엘의 바벨론 포로 후 귀환하였을 당시에도 가나안 땅에 거주하였다(스 9:1).

블레셋 족(Philistines)

블레셋이란 히브리어로 '이주자'란 의미를 지니고 있다. 그들은 본래 지중해의 그레데 섬에 거주하는 자들로서 가나안에 이주하여 그랄 지역에 정착한 후 B.C. 13세기 경에 본격적으로 팔레스타인에 정착하였다. 성서에는 이들을 함의 손자 가슬루힘의 후손으로(창 10:14) 갑돌(그레데 섬의 히브리어 표기)지방 사람들이라고 하였다(렘 47:4; 암 9:7).

이들이 거주한 중요 도시는 가드, 가사, 아스글론, 아스돗, 에글론 등이다(수 13:3). 철제 무기로 무장한 블레셋 족은 사사시대까지 이스라엘을 괴롭힌 민족이었으나 B.C. 604년 앗수르의 느브갓네살에 의해 점령당하였다.

◑ 요단강

기르가스 족(Girgashites)

갈릴리 바다 서쪽에 거주한 기르가스 족은 가나안 자손들의 계보에 소개되어있다(창 10:16). 하지만 그들의 세력은 미약하여 이스라엘 백성의 가나안 정복 당시 멸망되었거나 다른 큰 족속에게 병합된 것으로 보인다.

2. 이스라엘의 가나안 정복 전투

여호수아를 중심으로 이스라엘 백성은 출애굽 이후 40년 간의 광야 생활을 마감하고 가나안 땅에 입성하기 위해 요단 강을 건너게 된다.

하지만 그들은 요단강 가에서 3일을 더 머물면서 몸을 성결케 하여 영적으로 준비하게 하고 제사장들이 언약궤를 메고 요단강을 도하하도록 한 것은 가나안 정복이 하나님의 구속사적인 계획으로 이스라엘의 가나안 정복의 성패가 하나님의 주권과 능력으로만 가능함을 보여준다.

가나안 정복 전투는 크게 세 부분으로 나누어 지는데, 먼저 각 지파별로 가나안의 주요 거점인 중부지역(수 6-8장), 남부지역(수 9-10장), 북부지역(수 11:1-15)을 순차적으로 정복하고 둘째로 그들이 정복한 지역들을 각 지파별로 분할한다. 하지만, 이것은 가나안 땅의 완전한 정복을 말하지 않는다. 그러므로 그들이 하나님께 순종할 때에만 승리하게 될 것이며 또한 지속적인 승리를 위해서는 하나님께 대한 완전한 신앙이 요구됨을 가르쳐 주고 있다.

이스라엘의 가나안 정복 여정

• 싯딤(Shittim)을 출발하여 요단을 건너다(수 3장)(싯딤 ➡ 요단)

이스라엘 백성이 요단을 건너기 전에 진을 쳤던 싯딤은 구약성서에 본래 '아벨싯딤'(민 33:49)으로 소개된 곳으로서 원추형 모양의 언덕으로 사해 북쪽에서 약 9.6km 떨어진 곳이자, 요단 동쪽에서 약 12km 떨어진 곳이다. 이곳에서 여호수아는 12지파의 대표를 뽑아 가나안 정탐을 하게하였다.

한편, 여호수아는 제사장들에게 언약궤를 메고 요단강을 건너게 하여 마른 땅같이 그 땅을 건넌 후 열두 개의 돌 기념비를 건립하였다. 가나안 땅의 동쪽 경계를 이루고 있는 요단 강은 천혜의 요새로서 외부로부터 적의 침입을 봉쇄할 수 있는 것이었으나 하나님의 기적으로 인한 요단강 도하는 영적인 하나님의 구원의 행동이었음을 보여주고 있다.

• 길갈(Gilgal)에서의 일(수 5:2-15)

이스라엘이 요단강을 건넌 후 첫번 째 진을 친 길갈은 '돌로된 고리'란 의미를 가지고 있다. 길갈은 요단강에서 16km, 여리고 동쪽에서 3km 떨어진 곳이다. 이스라엘 백성은 출애굽 이후 처음으로 이곳에서 할례를 행하였고 가나안에서 첫 유월절을 지키고 그 땅의 소산을 먹은 후에 만나가 그쳤다.

또한 길갈에서는 여호와의 군대 장관이 여호수아를 찾아 왔는데 이는 가나안 정복 전쟁이 단순한 민족 전쟁이 아니라 영적인 성전임을 상기시키고 이스라엘에게는 큰 힘과 용기를 준 사건이었다. 한편, 이곳은 사무엘이 이스라엘을 통치할 왕으로 승인받기 위해 사울을 보낸 곳이자 유다인들은 압살롬을 따르던 반역자들을 퇴치하고 돌아오는 다윗을 영접하기 위해 길갈에 모였던 곳이기도 하다(삼하 19장).

• 여리고(Jericho) 정복(수 5-6장)

여리고는 '달의 성읍'이란 의미를 지니

◑ 여리고지역

고 있으며 요단강에서 서쪽으로 16km, 사해에서 북쪽으로 11km 떨어진 곳으로 사해의 수면보다 약 240m 낮다.

◑ 여리고 성터에 있는 망대

이곳을 처음 발굴한 사람은 고고학자 영국의 존 가스탕(John Gastang)으로 그는 여리고 성이 묻혀있는 언덕(TEL)을 발견하였으며 B.C. 14세기 경으로 추정되는 성벽을 발견하였는데 그것이 당시 여호수아의 가나안 정복 때 무너진 것으로 판명되었다. 한편, 여리고 성은 17번이나 일어난 지진으로 여러 번 파괴되었으나 본래 이 성벽은 외벽의 두께가 약 1.8m, 높이가 9.2m, 내주 벽과의 공간이 4.6m 나 되었다.

안벽 정상에는 집들을 만들었던 흔적이 발견되었는데 이는 기생 라합의 집이 성벽에 있었다는 성서의 기록과 일치된다(수 2:15). 여리고 성은 이후 베냐민 지파에게 할당되었으며(수 18:21), 히엘에 의해 재건되었다.

• 아이(Ai)성 전투(수 7-8장)

벧엘의 동쪽에 있는 아이성은 성서에 아브라함이 가나안에 도착하였을 때 아이와 벧엘 사이에 두었다고 처음 언급되었다(창 12:8). 아이성은 여리고 성과 달리 작은 성이나 해발 800m에 위치하였다. 이 성을 공격할 때 이스라엘 백성은 지형적인 측면을 무시하고 이 성을 정복하기 위하여 소수 병력만 투입하는 안일함을 엿볼 수 있다.

한편 성서는 아이성의 정복 실패는 아간의 범죄로 인해 패배하였음을 말하고 있다(수 7:6-12). 그러므로 하나님은 이스라엘의 범죄을 지적하고 아간을 색출하여 처형하고 자세를 가다듬게 하여 그 성을 재차 공격하여 마침내 아이 성을 정복하고 가나안의 중부 지역에 교두보를 만들고 에발산에서 단을 쌓고 율법을 선포한다.

• 기브온(Gibeon) 거민들과 화친(수 9장)

기브온은 예루살렘 북서쪽 9.5km에 위치한 베냐민 지파의 성읍으로 제사장들에게 준 성이다(수 21:17). 여호수아는 기브온의 사신들에게 속아서 하나님과 상의하지 않고 그들과 화친하여 그들을 정복하지 못하였다. B.C. 1000년경 다윗이 사울과의 싸움에서 이 도시가 다시 언급되었으며(삼하 2:12-17), 또한 솔로몬이 이곳에서 하나님의 말씀을 들은 곳이다(왕상 9:1-9).

• 기브온과의 전투(수 10:1-27)

기브온은 벧엘이나 아이 성보다 크고 강력한 성이자 가나안을 남북으로 양분하는

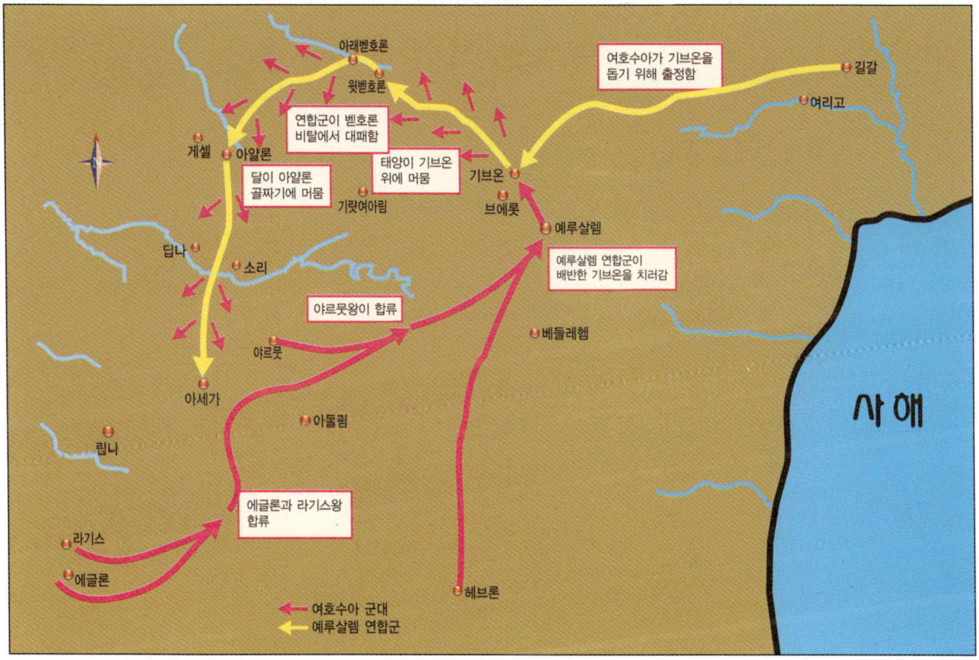

◑ 기브온과의 전투

중심에 위치하고 있었다.

그러므로 기브온과 가장 가까이에 있는 예루살렘에게 이스라엘과 기브온이 화친하였다는 소식은 그들에게 커다란 위험으로 작용하였다.

이러한 위험을 감지한 남부 지역의 강력한 왕권을 가진 예루살렘 왕 아도니세덱은 가나안 지역의 왕들을 규합, 기브온을 응징하여 자신들을 방어하고자 하였다.

◑ 에브라임 시내

가나안 동맹군이 다가오자 세력이 약한 기브온은 이스라엘에게 구원을 요청하였고 여호수아는 군사들을 이끌고 그들을 격파하였는데 태양과 달이 전쟁이 끝나기까지 머물고 하나님은 도망하는 그들에게 우박을 내려 죽게 하였는데 전쟁하여 죽은 자보다 우박에 맞아 죽은 자가 더 많아 전쟁이 하나님께 속한 것을 재차 보여주고 있다. 이스라엘은 이 전투에서 남방 지역 정복의 교두보를 마련하였다.

• 남부 가나안 지역과 해안 지역의 정복 (수 10:28-43)

이처럼 하나님의 도우심으로 이스라엘

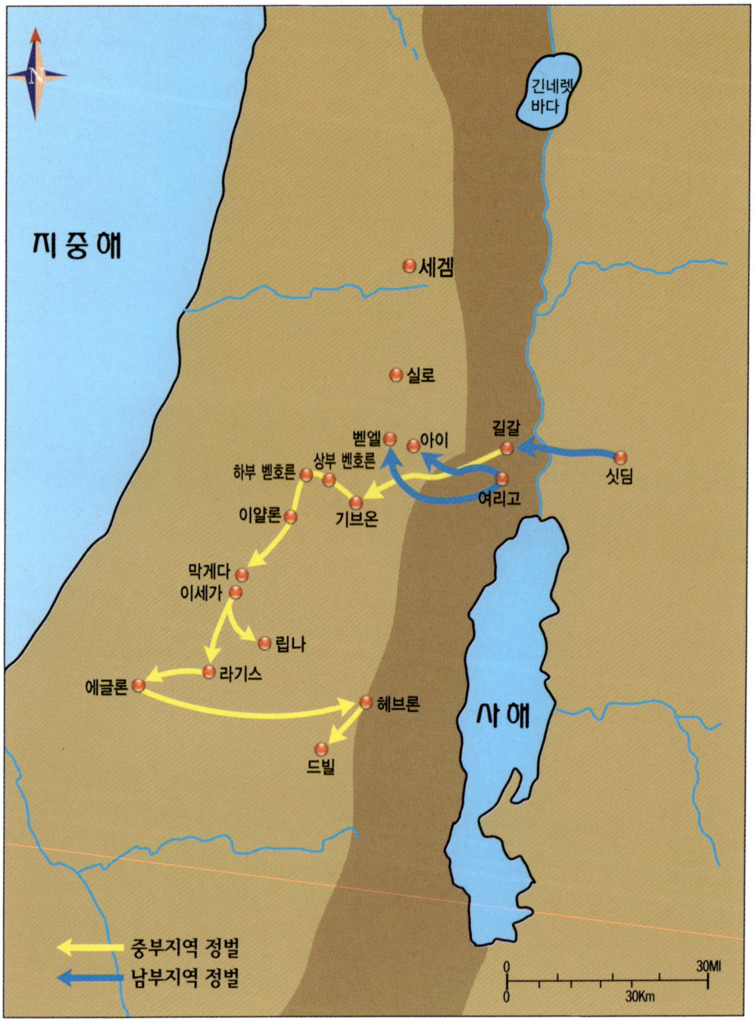

◑ 중 · 남부 가나안 지역 정복

백성은 가나안 동맹군을 완전히 격파하고 다섯 왕을 처형하여 막게다 굴에 매장하고 그 여세를 몰아 남부 지역을 차례로 정복하기 시작하였다.

이들 지역은 립나(29,30절), 라기스와 게셀(31-33절), 에글론(34,35절), 헤브론(36,37절), 드빌(38,39절) 의 순으로 함락당하였다.

• 북부 가나안 지역 정복(수 11:1-15)

하솔왕 야빈은 가나안 북부에서 가장 강력한 세력을 지닌 왕으로서 이스라엘에게 대적하기 위해 북부 동맹군을 결성하였다.

이곳은 갈릴리 바다 북쪽 16km 훌레(Huleh) 호수 남서쪽에 위치한 곳으로서 현재 이 지역의 명칭은 '텔 엘 케다'(Tell el Qeda)이다. 한편, 북부 동맹국은 다음과 같다.

마돈(수 12:20)은 갈릴리 서쪽 산지로 디베랴 서북쪽에 위치한 현재의 '카른 하틴'(Qarn Hartin)으로 추정된다. 한편 북방 산지인 갈릴리 산지(수 19:32)와 긴네렛(게네사렛 호수) 남쪽 아라바(골, 계곡), 지중해 해안의 악고에서 시돈을 잇는 저지대 지역으로 좁고 긴 평원이 '세펠라'(Shep helah)이다.

시므론(수 12:20)은 '시므론 므론'으로 칭하였는데 이 곳은 디베랴 호수 남쪽 19km에 위치하고 이후 스블론 지파에게 분배되었다(수 19:15). 악삽(수 19:25)은 악

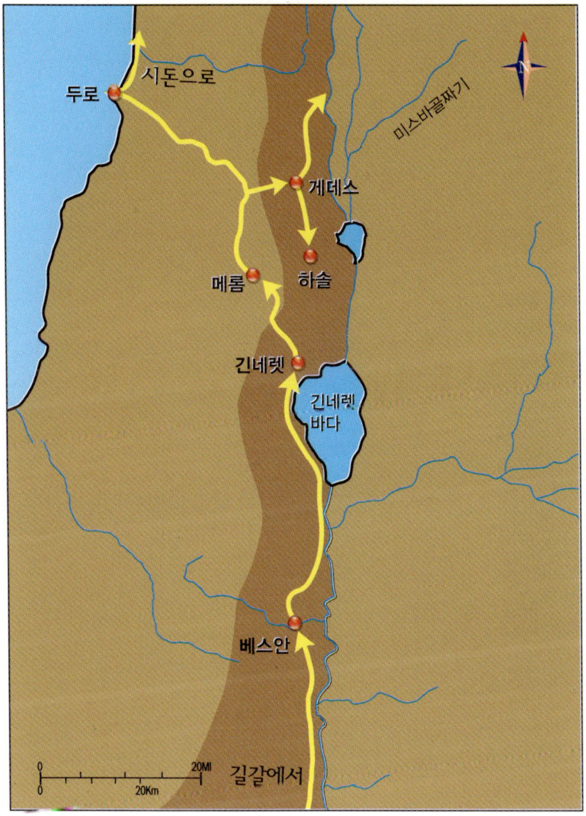

◑ 북부 가나안 지역 정복

올렸다. 하지만 화친을 맺은 기브온은 정복에서 제외되었고 거인으로 두려워 했던 아낙 자손들(민 13:33)도 모두 진멸하여 장기간의 가나안 정복 전쟁의 종지부를 찍었다.

고의 남동쪽 9.7km에 위치한 곳으로 '텔 키산'(Tell Kisan)으로 추정된다.

여호수아는 갈릴리 바다 서북쪽 15km에 위치한 메롬 물가(높은 곳의 물)에서 이들을 물리치고 하솔왕을 잡아 처형하고 성읍을 불태웠으나 나머지 성은 그대로 두었다.

• 가나안 정복의 종결(수 11:21-23)

메롬 물가에서 승리한 이스라엘 백성은 남쪽으로는 세일산 근처 할락 산에서부터 북쪽으로는 레바논 골짜기의 바알갓 까지 가나안 지역의 대다수를 정복하는 전과를

3. 이스라엘 12지파의 토지 분배

이스라엘의 가나안 기업의 분배는 여호와께서 아브라함과 이삭과 야곱에게 하신 언약의 성취었다(수 21:43). 그들은 40년 간의 광야 생활과 15년 간의 가나안 원주민들과 정복을 위한 치열한 전쟁을 한 후에 이스라엘의 12지파는 가나안 땅을 기업으로 얻는 감격적인 순간을 맞게 되었던 것이다.

이스라엘의 가나안 기업 분배의 원칙은 하나님의 주권과 공평의 원칙에 따라 분배되었다. 12지파에게 나누어진 토지는 하나님이 지정해 주신 약속의 땅의 범위 안에서 국한되었으며 각 지파의 인원수에 따라 기업의 크기를 결정하였다(민 33:53).

또한 토지 분배 시 제비 뽑기로 결정하였는데(민 33:54), 기름지고 좋은 땅을 서로 차지하기 위해 각 지파들 간에 분쟁을

미연에 방지하기 위함이었다. 그러므로 제사장 엘르아살과 여호수아,

그리고 각 지파의 족장 한 사람씩 분배를 맡아 각 지파의 인구를 정확히 파악하여 공정한 분배를 하였던 것이다.

◑ 갈릴리 바다

유다 지파(수 15:1-12)

유다 지파는 가장 먼저 제비를 뽑았을 뿐만 아니라, 다른 지파에 비해 가장 넓고 비옥한 지역을 분배 받았다. 이는 유다가 야곱의 실질적인 장자권을 상속받았기 때문이다(창 49:8-12).

유다 지파의 경계는 남쪽으로는 사해 남단에서 가데스 바네아와 애굽 시내를 연결하는 지역이며(1-4절), 동쪽으로는 사해(5절), 북쪽으로는 요단 하구에서 힌놈의 골짜기와 지중해의 얍느엘 지역이며(5 11절), 서쪽으로는 블레셋 지역을 포함한 지중해까지였다(12절). 한편, 유다 지파의 분깃 가운데 헤브론(수 14:13-15)을 차지하게 되었다.

므낫세 지파(수 16:1-4)

요셉 자손에게 속한 므낫세 반 지파는 두번째로 제비를 뽑고 요단강의 지류인 여리고 샘물에서(1절) 남쪽으로는 벧엘(2절)과 서쪽으로는 지중해, 북쪽으로는 아셀과 스블론, 잇사갈 지파와 경계를 이루는 지역이었다. 므낫세가 두번째로 제비를 뽑은 것은 야곱과 모세의 요셉에 대한 축복의 성취로 볼 수 있다(창 49:25,26).

베냐민 지파(수 18:11-28)

베냐민 지파는 야곱의 막내 아들 베냐민의 후손으로서 여호수아가 열 두 지파에게 토지를 분배할 때 그들은 상업과 군사의 중심도시인 남부 유다와 북부 에브라임 산지의 토지를 배당받았다. 기스의 아들 사울은 베냐민 지파 출신이다(삼상 9:1).

에브라임 지파(수 16:5-10)

요셉과 애굽인 아내 아스낫의 둘째 아들(창 41:50-52)인 에브라임의 후손들은 가나안 시내가 있는 지중해 연안에서 시작하여 북동쪽으로는 답부아, 아루마, 야노아

이스라엘 12지파의 위치

를 잇는 지역과 남쪽으로는 가나 시내 윗 벧호른, 나아라를 잇는 지역, 그리고 동쪽으로는 야노아에서 아다롯을 지나 나아라를 잇는 지역을 기업으로 차지하였다.

한편, 그들은 요셉의 차지였음에도 불구하고 므낫세 지파보다 먼저 기업을 차지하게 된 이유는 야곱의 에브라임과 므낫세 지파에 대한 예언의 성취라고 볼 수 있다(창 48:1-22).

◑ 지중해 연안의 유적지

아셀 지파(수 19:24-31)

아셀은 라반이 그의 딸 레아에게 준 하녀인 실바의 차남으로서 이들 후손들은 블레셋의 북서쪽에 있는 지중해 연안 지역을 할당 받았다. 다윗 시대에 아셀은 그 중요성을 상실하였는데 이는 다윗의 주요 지도자 명단에서 그들의 이름이 빠져 있는 것을 통해 알 수 있다(대상 27:16-22).

갓 지파(수 13:11-14, 24-28)

갓은 레아의 여종인 실바의 장남으로 야곱의 일곱번째 아들에 해당된다(창 30:9-11). 갓 지파의 영토는 본래 아모리 왕 시혼이 다스린 지역이었다. 이곳은 북쪽으로는 므낫세 반 지파와 남쪽으로는 르우벤이 있는 요단강 동편의 중앙에 자리잡고 있다.

납달리 지파(수 19:32-39)

납달리 지파의 토지 분배는 남쪽으로는 갈릴리 호수 근처의 락굼, 동으로는 요단강, 그리고 서쪽으로는 다볼 산과 북쪽으로는 가나안의 북쪽 경계인 레바논 골짜기를 잇는 지역을 차지하였다.

그들이 이 지역에서 차지한 기업은 모두 19개의 성읍과 인근 촌락들이다. 그들은 자신이 거주하고 있는 지역의 가나안 족속들을 쫓아내지 못하고 함께 거주함으로써 결국 다른 지파와 마찬가지로 우상숭배에 빠지고 만다. 그러므로 하나님의 심판을 받아 앗수르에 포로로 잡혀간 까닭도 이러한 연유이다(왕하 15:29).

단 지파(수 19:40-48)

야곱의 다섯 번째 아들인 단의 후손들은 출애굽 당시 후방 경계를 맡았으며(민

10:25), 이들은 유다와 지중해 사이에 있는 비옥한 땅을 분배 받았다. 블레셋을 정복하는데 실패한 단 지파는 북쪽으로 이주하여 레셈(사사기의 라이스, 삿 18:29)을 정복하여 그곳의 이름을 단이라 개명하였다(삿 18:1-29). 우리가 잘 아는 삼손이 단 지파 사람이다(삿 13:2,24).

스불론 지파(수 19:10-16)

스불론은 야곱과 레아 사이에서 난 아들로서(창 30:19) 그의 후손들은 유다 지파를 중심으로 볼 때 회막 동편에 거주하였다(민 2:27).

스불론 지파는 갈릴리 바다와 지중해 사이의 토지를 분배 받았다. 신약 시대에 예수께서 이 지역에서 많은 사역을 하였으며 마태는 예수께서 이사야의 예언을 성취하였다고 기록하였다(사 9:1,2; 마 4:12-16).

잇사갈 지파(수 19:17-23)

잇사갈은 야곱과 레아의 아들(창 30:17, 18)이며 4명의 아들을 두어 그의 후손들은 대 종족을 이루었다(민 26:23,24). 잇사갈 지파의 토지 분배는 남쪽으로 므낫세 지파, 서쪽으로 스불론 지파, 동쪽으로는 요단 강을 경계로 하는 갈릴리 호수 주변의 땅에서 모두 16개의 성읍과 촌락을 차지하였다.

이 지역은 토지가 비옥한 이스르엘(Esdraelon) 평야가 있어서 농사짓기에 적합하였다(18절). 이 지역에 있었던 나봇의 포도원은(왕상 21:1,2) 그 땅이 얼마나 비옥하였는지를 묘사한다. 야곱은 이 지파에 대하여 농사를 지으며 평온한 생활을 할 것을 예언하였다(창 49:15). 잇사갈 지파의 후손들 가운데는 23년간 이스라엘을 통치

◑ 나봇의 포도원 자리

한 돌라(삿 10:1,2)와 사사 드보라(삿 4:1-24), 그리고 엘리야를 공궤하였던 수넴 여인 등이 있다(왕하 4:8-37).

사사 시대

헬몬 산
다메섹
알랍
아벨벧마아가
단
두로
가나
호사
벧아낫
게데스
아셀지파
므낫세지파
메롬
메롬호
삼갈
납달리지파
악십
압돈
벧세메스
마돈
마솔
벧에멕
지중해
벳새다
엘론
악고
갈릴리 바다
가르나임
가불
가나
아스다롯
아벡
한나돈
아래 아벡
위 아벡
야일
스불론지파
악삽
엔간님
기드론
갈멜산
시므론
나사렛
다볼산
가르다
바락
담베셋
기드온
엔돌
욕느암
수넴
아르봇
에드
하비라임
로드발
벧아벨
므깃도
돌라
다아낙
랍빗
벧산
라못 길르앗
길보아산
로홉
갓지파
야베스 길르앗
도단
므낫세지파
헤벨
압돈
데베스
디르사
입다
거라사
사마리아
에발산
세겜
사르단
숙곳
브누엘
아벡
바라돈
욕므암
사르단
아담
미스바
로보나
아벡
실로
욥브하
아셀
오노
욥바
에브라임지파
스레다
브도님
오브라
랍바
벧니므라
룻
벧엘
아이
단지파
아래 벧호론
길갈
아벨그라밈
위 벧호론
여리고
김브돈
미스바
헤스본
게셀
아얄론
야브넬
바라
벧아라바
벧여시못
벧브올
에셀
시그론
기브온
벧호글라
삼손
베냐민지파
예루살렘
느보산
소라
연성
메드바
야스돗
벧세메스
가드
베들레헴
야하스
아둘람
립나
드고아
입산
마레사
벧숱
아다롯
아스글론
느십
라기스
벧가물
디본
아로엘
헤브론
에글론
사해
드빌
십
엔게디
가사
갈멜
웃니엘
마온
그랄
시글락
유다지파
모압
산산나
얏딜
라피아
벧벨렛
아르
블레셋족속
아랏
소돔
사루헨
브엘세바
고모라
길하렛셋
호르미
호로나임
아드마
아로엘
소알
시므온지파

IV 사사 시대

B.C. 1390-1050

시내산 언약(출 24:1-11)을 통하여 하나님의 선민이 된 이스라엘 백성은 여호수아의 죽음에 이르기까지 단일 지도자 체제로 비교적 온건한 신정 정치체제를 유지하였다.

그러나 이스라엘 백성은 여호수아의 사후 12지파의 부족 연합 국가 체제를 유지하였으나 그들은 여호와 하나님에 대한 완전한 신앙을 소유하지 못했기 때문에 이스라엘 백성의 끝임 없는 범죄와 하나님의 징계, 그리고 이들의 회개를 통한 여호와의 구원을 보여주고 있다. 사사 시대는 여호수아의 사후부터 사울 왕의 즉위까지 약 340년(B.C. 1390-1050) 간 계속되었다.

1. 사사들의 활동

옷니엘의 활동(삿 3:7-11)

이스라엘의 초대 사사인 옷니엘은 여호수아와 함께 가나안 정복 당시 크게 활약한 갈렙의 조카로서(수 15:17) 그는 뛰어난 용맹과 신앙으로 드빌을 쳐 정복 할 때 두각을 나타냈다(삿 1:13). 한편, 그는 드빌성을 정복하여 갈렙의 딸 악사를 아내로 얻었다(수 15:13-19).

이러한 사실은 그가 하나님이 쓰시기에 이미 준비된 자임을 교훈으로 보여주고 있다. 여호수아가 죽은 지 15년 이내에 이스라엘이 배교하여 하나님은 그들을 징계하여 메소보다미아의 왕 구산 리사다임에게 넘기셨지만(삿 3:8-11), 이스라엘의 고통을 들으시고 하나님은 옷니엘을 통하여 그들을 구원하셨다.

에훗의 활동(삿 3:12-30)

18년 동안이나 모압의 압제에 시달리던 이스라엘을 해방시켰다. 왼손잡이인 에훗은 모압왕 에글론을 속임수를 써서 죽였다. 그런 다음 에브라임 지파를 이끌고 요르단 나루터를 점령해 그곳에서 약 1만명의 모압장정들을 죽였다. 그 결과 이스라

◑ 사사들의 활동

엘은 거의 80년동안 평화를 누렸다(삿 3:15-30).

삼갈의 활동(삿 3:31)

에훗의 사후 블레셋이 이스라엘 백성을 괴롭혔다. 그때 하나님은 사사 삼갈을 세우셨는데 그는 평범한 목자였다. 삼갈은 소모는 막대기로 블레셋 사람 600명을 죽였는데 이는 하나님이 함께 하시면 평범한 사람도 큰 일을 할 수 있음을 보여준다. 이 사건으로 인하여 삼갈은 드보라와 바락이 행한 이스라엘의 구원을 예비하였다.

드보라와 바락의 활동(삿 4:1-5:31)

이스라엘 백성이 범죄하자 하나님은 그들을 가나안 왕 야빈에게 고통을 당하게 하셨다. 20년 동안 학대를 받은 이스라엘 자손이 여호아께 부르짖을 때 하나님은 에브라임 지파의 땅에서 선지자로서 일하는 드보라를 세우시고 바락으로 하여금 스블론과 납달리 지파의 용사들을 이끌고 게데스에서 야빈의 군대 장관 시스라와 대적하라고 명한다.

◑ 다볼산

이를 본 시스라는 철병거 900승과 많은 군사를 이끌고 이스라엘을 상대하지만 하나님의 능력 앞에 전멸당하고 만다. 여선지자 드보라를 무시하지 않고 그녀를 하나님이 세우신 사사로 믿고 순종한 바락의 신앙은 이스라엘의 승리를 가져온 결정적인 단초가 되었다.

기드온의 활동(삿 6:1-8:35)

이스라엘의 악행으로 인하여 하나님은 그들을 7년간 미디안 사람들의 압제하에 있게 하셨다. 그때 하나님은 이스라엘의 간구를 들으시고 그리심 산에서 멀지 않은 오브라에 살던 아비에셀 사람 요아스의 아들(삿 6:11) 기드온을 부르셨다. 기드온은 사사로 부름 받은 날 밤에 자기 아비 집에 있는 바알의 단을 헐고 아세라 상을 찍으며 하나님께 예배함으로써 집안의 종교 개혁을 하였다(삿 6:27, 28).

한편, 그는 이미 뛰어난 용사였는데(삿 6:12) 이스라엘의 곡식을 약탈하는 미디안 사람들을 대항하여 지하 운동을 하던 자인지도 모른다. 기드온은 소명을 받고 미디안과 전쟁을 하기 위해 인근 부족들을 소집하였는데 많은 무리가 모여들자 기드온은 신앙의 확신을 위해 양털 뭉치 시험을 한다(삿 6:36-40).

한편, 하나님은 전쟁을 위하여 3만 2천의 많은 군인들 가운데 두려워 떠는 자를 집으로 돌려 보내시고 물을 손에 떠서 조심스럽게 마시는 자만 선택하여 300명의 정예화된 용사를 선정하여(삿 7:1-8) 셋으로 나누어 밤에 일시에 나팔을 불며 항아리를 깨트리고 소리를 질러 공격하여 미디안 진영을 당황케하여 기선을 제압하고 도주하는 자들을 위해 에브라임에 사자를 보

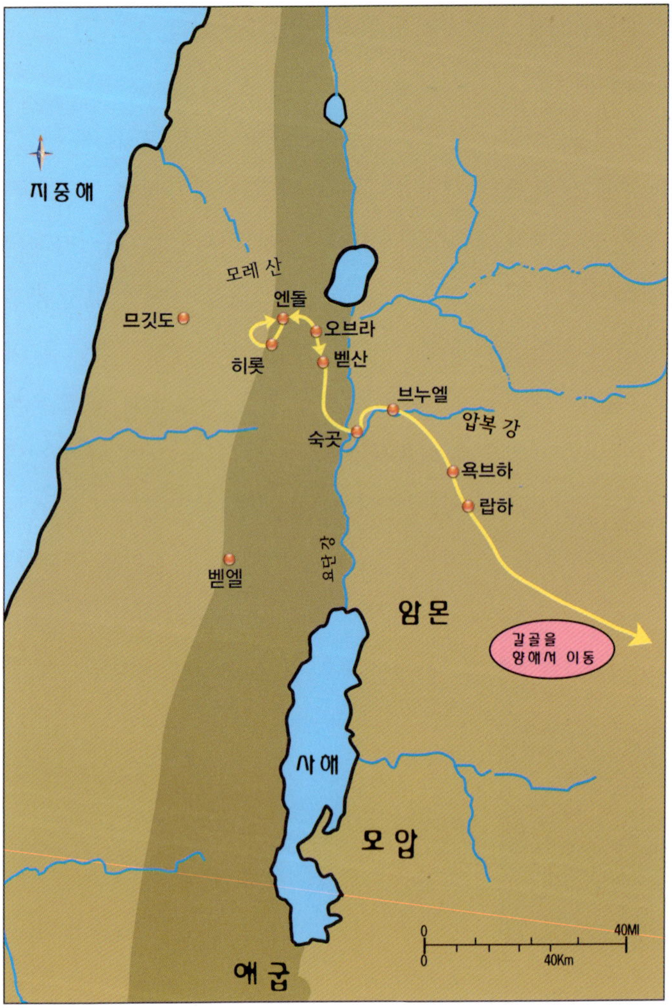

◑ 기드온 전투

내어 요단강을 지키게 하고 그곳에서 미디안의 방백 오렙과 스엡을 사로잡아 죽이고 그들의 머리를 기드온에게 가져왔다.

이스라엘 백성은 미디안을 물리친 기드온을 왕으로 삼으려 했으나 그는 거절하였다(삿 8:23). 사사 기드온은 71명의 아들을 두었는데 그 중 하나가 세셈의 첩이 낳은 아비멜렉이다. 아비멜렉은 기드온이 죽은 후에 3년 간 세겜과 실로 사이에 있는 아루마(Arumah)를 수도로 정하고 용병을 모아 반역을 일으켰으나 여러 번 전투 끝에 데베스 성 망대 아래서 맷돌 짝에 맞아 비참하게 죽었다(삿 9장).

돌라와 야일의 활동 (삿 10:1-5)

돌라와 야일은 소사사로서 돌라는 에브라임 산지 사밀에 거하였고 야일은 길르앗 지역에서 일어나 22년간 이스라엘을 재판하였다.

그들은 성실하게 아비멜렉 사후 혼란기의 이스라엘을 주변 세력의 위협과 침략으로부터 구원하였다. 그러므로 이스라엘 백성들은 어느 때 보다도 더욱 풍요롭고 평화스런 생활을 할 수 있었다.

입다의 활동(삿 10:6-12:7)

길르앗의 기생의 몸에서 출생한 입다는 본처의 소생들에 의해 일찍이 타향으로 추방당하였다(삿 11:1,2). 돕 땅에서 피신하여 살던 그가 18년간이나 이스라엘을 괴롭혀

온 암몬 족속이 이스라엘을 재 침입한다고 예고하자 길르앗의 장로들이 입다의 명성을 듣고 찾아와 그에게 군대 장관이 되어 줄 것을 요청하였다.

길르앗의 군대 장관이 된 입다는 사자를 보내어 평화적으로 암몬과 담판을 시도 하였으나 실패하자 모압과 전쟁을 하여 아로엘에서부터 민니 지역에 있는 20성읍을 치고 아벨 그라빔까지 점령하자 모압은 항복하였다.

한편, 입다는 전쟁 중 경솔한 서원을 하였는데 전쟁에서 승리하게 되면 자신을 맞이하러 나오는 첫번째 사람을 하나님께 번제물로 바치겠다고 맹세하여 자신을 처음으로 영접한 자식의 외동딸을 하나님께 바치는 경솔한 주인공이 되기도 하였다(삿 40:34-40). 그후 이스라엘 백성은 18년간 평화를 유지하였다.

이스라엘의 내전과 세명의 소사사(입산, 엘론, 압돈)(삿 12:1-15)

이스라엘의 내전은 에브라임 지파 사람들이 암몬 족속과의 전쟁에서 큰 승리를 거둔 입다의 공을 시기하여 일어났다. 그들은 입다가 전투 중 자기들을 부르지 않았다고 입다를 대적하였다(1절). 입다는 그들을 타이르지만(2, 3절) 말을 듣지 않고 비방하자 입다는 에브라임 지파를 공격하여 4만 2천명을 죽이고 평정을 되찾았다(5, 6절).

입다는 사사가 된지 6년만에 죽어 길르앗 성읍에 장사되었다(7절). 한편, 입다가 죽은 후 세명의 소사사 입산(8-10절), 엘론(11, 12절), 압돈(13, 14절)이 나타나 25년간 이스라엘을 다스려 풍요와 평화를 가져왔다.

삼손의 생애와 활동(삿 13:1-16:31)

세명의 소사사가 통치한 이스라엘은 태평성대(삿 12:7-15)를 가져왔으나, 다시 영적으로 타락하여 범죄함(1절)으로 하나님은 그들을 40년 간 블레셋의 손에 붙여 징계하신다.

한편, 하나님은 이스라엘의 고통을 들으시어 사자를 보내어 소라 땅 단 지파의 잉태치 못하는 마노아의 아내(2절)에게 임하여 그의 잉태 사실과 태어난 자가 나실인이 되어 장차 그가 이스라엘을 블레셋의 압제에서 구원할 사사가 될 것을 전한다(3-5절).

나실인으로 성별되어 하나님께 자신을 바친 자들은 반드시 지켜야 할 사항이 있었다. 첫째로 포도나무 소산 및 독주를 금하고, 둘째로 머리를 깎지 말며, 셋째로 시체를 가까이 하지 말아야 하였으며(민 6장), 이러한 금도는 잉태한 임산부에게도

동일하게 해당되었다(4절).

하나님의 사자의 예언대로 마노아의 아내가 잉태한 후 삼손이 출생하였다(13:24). 하나님의 신으로 감동된 삼손은 성장하여 마침내 이스라엘의 사사로서 부름받았다(25절). 그는 하나님의 신에 감동되어 사자를 맨손으로 죽이는(14:6) 큰 힘을 소유하게 되었다. 하지만 그에게는 현저한 약점이 있었는데 그것은 자신의 감정을 통제하지 못하는 결점이 있었다.

그는 자기 부모의 반대에도 불구하고 딤나에 사는 블레셋 여인과 결혼하고자 하였으며, 그 여인의 부친이 자기 딸을 다른 남자에게 주었다는 것을 알고 삼손은 이에 대한 복수로 여우 3백마리를 잡아 두마리씩 묶고 횃불을 달아 블레셋 사람의 곡식밭에 풀어 놓아 블레셋에게 큰 해를 입혔다. 삼손의 복수에 분개한 블레셋 사람들은 유다를 치려하자 위협을 느낀 유다 사람들이 삼손을 결박하여 블레셋에게 넘겨주었다(15:9-13).

블레셋의 레히에 도착한 삼손은 다시 하나님의 권능을 입고 자신을 결박한 줄을 끊고(15:14) 나귀의 턱뼈 하나로 천명의 블레셋 사람을 죽이고(15절), 하나님은 갈증이 있는 그에게 샘을 내어 갈증을 해소시키셨다(18-20절). 한편, 삼손은 여자에 대하여 약점을 가지고 있었다. 그는 기생의 집에 출입하는가 하면(16:1-3), 음탕한 소렉 여인 들릴라와 애정 행각을 벌였다(4절). 그러자 블레셋 방백들은 그녀를 돈으로 매수하여 삼손의 힘의 근원을 알아내고 들릴라의 잔꾀에 의해 삼손의 머리털은 잘려나갔다(6-19절). 마침내 삼손은 나실인의 규칙을 어기고 하나님이 그를 떠나자 괴력이 상실되고 블레셋 사람들의 앞에서 두 눈이 뽑힌 채 맷돌을 돌려야 하는 비참한 신세가 되고 만다(20-22절).

블레셋 사람들은 삼손을 체포한 것을 기념하며 다곤 신전에서 축제를 벌이고 삼손에게 갖은 조롱과 모욕을 가하였다(16:23-27). 마침내 삼손이 회개하고 여호와의 은총을 간구하자(28절) 하나님은 그에게 다시 힘을 회복시키시고 다곤 신전을 무너트렸는데 그곳에 모인 사람들이 3천명이나 되었으며 삼손은 그들과 함께 장엄한 최후를 맞이하였다(29-31절). 삼손은 이스라엘의 사사로서 20년간 활동하였다.

◑ 삼손의 아그슬론 사건(삿 14:9)

2. 우상 숭배와 단 지파의 이주

미가의 우상 숭배와 단 지파의 이주 (삿 17:1-18:31)

출애굽과 가나안 정복시대에서 왕정 시대로 이양되던 과도기에 이스라엘은 강력한 민족 지도자가 없었다(삿 17:6).

그러므로 그들은 이민족과의 교류를 통해 영적으로 타락하고 혼돈과 암흑 시대를 보내게 되었던 것이다.

미가의 신상이 만들어지게 된 동기는 미가가 모친의 돈 일천 일백을 훔치면서 시작되었다. 미가의 모친은 자신의 돈이 없어진 것을 발견하고 저주를 퍼부으며 미가에게 이 사실을 알렸다. 그러자 미가는 모친의 저주와 두려움을 느끼고 그의 모친에게 사실을 고한 후 훔친 은전을 돌려준다(삿 17:1,2).

그녀의 모친은 기뻐하며 자신의 아들이 화를 당하지 않기 위해 우상을 만들자(3,4절) 미가는 한 걸음 더 나아가 에봇과 드라빔을 만들어 자기 아들에게 입히고 신당을 관리할 제사장으로 삼았다. 한편, 미가는 베들레헴을 떠나 거처를 찾지 못한 채거리를 헤메는 떠돌이 레위 소년을 발견하고 해마다 은 열과 의복 한벌과 식물을 주기로 약조하고 자기 집의 제사장으로 삼았다(10-13절). 이는 당시 하나님을 섬기도록 거룩하게 구별된 레위인의 실상을 보여주고 있다.

한편, 가나안 정복 당시 소라와 에스다올 부근을 기업으로 분배 받았던 단 지파는 강력한 아모리인들로 인하여 산지로 물러나면서 자신이 거할 영토가 협소해지자 토지 분배 시 약조했던 아모리인들과 싸우지 않고 방비가 허술한 라이스 땅을 정탐하였다. 먼저 다섯 용사로부터 라이스 땅이 정착지로 적합하다는 보고를 접하고 6백 명의 용사를 선발하여 정복을 나섰다.

그들은 미가의 집에 이르러 레위 소년 제사장과 미가가 만든 신상을 탈취한다(18:11-26). 그리고 라이스를 정복하여 그 땅을 단이라 명하였다(27-29절). 한편 그들은 그곳에 신상을 세웠는데 이후 블레셋의 침략 당시(삼상 4장)까지 그곳은 우상의 온상지가 되었다(30, 31절).

3. 나오미와 룻의 귀향(룻기)

룻기의 목적은 예수 그리스도의 족보에 있는 룻을 통해 이스라엘과 이방세계를 잇는 축복을 알리고 있다(마 1:5,6).

룻기에서 하나님은 선민인 이스라엘 백성이 사사시대의 타락에서 방황하고 있을 때조차도 하나님의 구속사는 계속되고 있음을 보여 준다.

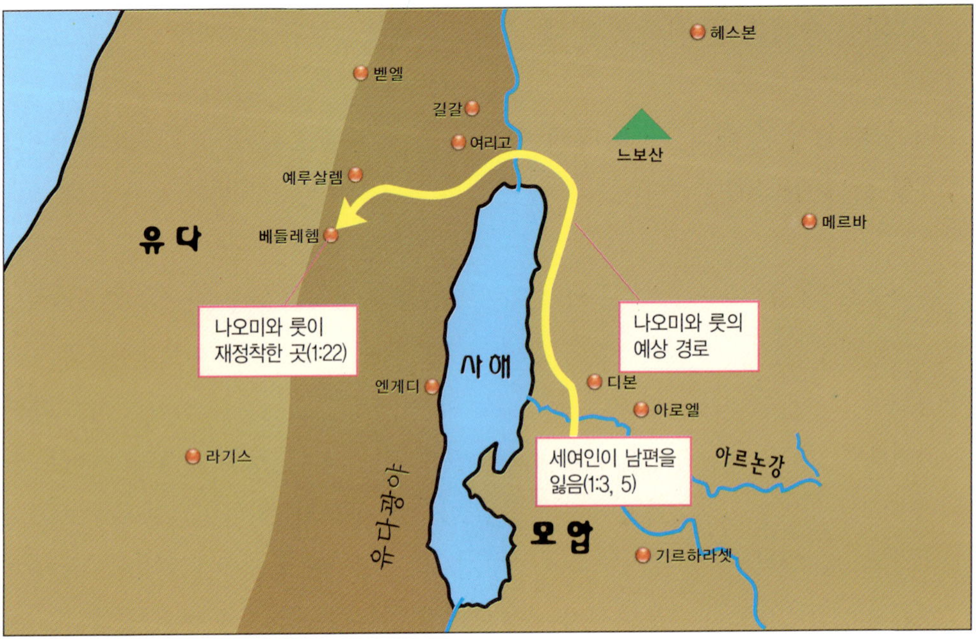

◑ 룻의 이동 경로

하나님은 초라한 귀향을 하는 나오미의 삶을 영적으로 비유하여 하나님을 떠나 이방에서 방황하던 이스라엘 백성이 약속의 땅으로 귀향하는 모습을 보여주고 있다. 또한 하나님은 이방 출신의 과부 룻을 택하여 그녀를 통해 다윗의 계보를 잇고 더 나아가 구속사의 중심이신 예수 그리스도의 오심을 예비한 놀라운 은혜를 베풀고 계심을 보여준다.

사사 시대에 베들레헴 땅에 살던 유다 지파에 속한 엘리멜렉은 심한 흉년으로 그의 아내 나오미와 두 아들을 데리고 모압땅으로 이주한다(룻 1:1,2). 나오미의 남편 엘리멜렉이 죽고 그의 두 아들 말론과 기룐은 그곳에서 모압 여인 오르바와 룻을 만나 결혼하였으나 얼마 후에 그의 아들들 마저도 십년도 되지 않아 죽고 말았다(4-5절).

그러므로 모압 땅에는 나오미와 자부 둘만 남게 되었다. 유다 땅에 흉년이 그치자 그녀는 두 자부 중 자신과 동행하겠다고 결심한 룻을 데리고 베들레헴으로 돌아왔다. 한편, 룻은 보아스의 밭에서 이삭을 주으며 그와 재혼하는데, 이후에 그녀는 다윗의 증조모가 되었으며 예수 그리스도의 오심을 예비하였다.

4. 사무엘의 활동 (B.C. 1105~975)

사무엘이 활동한 시기는 이스라엘이 신정체제(Theocracy)에서 왕정체제(Mona

하나님의 음성을 들은 어린 사무엘

rchy)로 전환되던 과도기였다. 그러므로 사무엘서는 사무엘의 탄생(B.C. 1105)부터 사울이 길보아 전투에서 사망할 때(B.C. 1010)까지 이스라엘 초기 왕정 체제가 정착해 가던 시대의 이스라엘 역사를 언급하고 있다.

사무엘은 이스라엘의 마지막 사사로서 신정체제의 최후의 지도자이자 제사장, 선지자의 이중적인 임무를 수행하며 왕권을 상징하여 사울과 다윗을 기름부은 왕정제제의 성립을 선포하고 후견인 역할을 한 중요한 인물이었다. 사무엘이 태어날 당시에는 엘리가 제사장 겸 대제사장으로 있었던 사사 시대 말의 혼란기였다. 사무엘은, 레위 자손 엘가나와 결혼하였으나 자식이 없어 브닌나로부터 핍박을 받던 어머니 한나의 기노와 서원으로 태어나게 된다(삼상 1:1-8).

아들이 없어 고통을 당하던 한나는 아들을 주시면 그 아이를 나실인으로 바칠 것을 하나님께 서원하고 사무엘을 낳자 서원대로 그를 나실인으로 헌신시키기 위해 성막 봉사자로 대제사장 엘리의 손에 위탁하였다. 여호와는 사무엘에게 복을 주시고(삼상 3:19) 이스라엘이 그를 선지자로 알게 하셨다.

한편, 엘리는 패역한 자기의 두 아들이 죽고 블레셋이 전쟁에서 이스라엘을 패주시키고 언약궤를 빼앗아 갔다는 소식을 듣고 죽었다. 그후 이스라엘에 언약궤가 돌아오자 사무엘은 백성들에게 모든 이방 신을 버리고 오직 여호와만 섬길 것을 요구하였다(삼상 7:3).

블레셋 사람들이 이스라엘을 계속해서 위협 할 때에 그는 이스라엘을 위해 중보의 기도를 드렸고, 그에 대한 기도의 응답으로 여호와께서는 큰 우뢰를 베풀어 그들을 패배시켰는데 그곳의 이름을 에벤에셀이라 불렀다(삼상 7:12). 한편, 그는 라마에 도읍을 정하여 이스라엘을 치리하고 벧엘과 길갈, 미스바를 순회하며 사역하였다.

노년에 그는 자기 아들인 요엘과 아비야(대상 6:28)를 브엘세바의 사사로 지명하였으나 백성들은 뇌물과 부정직한 그들을 반대하고 왕을 요청하였다. 사무엘은 사울에

사무엘 선지자 무덤 교회

게 기름을 붓고 이스라엘 회중들을 미스바에 모이게 하고 사울을 왕으로 택한 것을 공표하였다.

그러나 블레셋의 위협과 국가 위기 속에서 사무엘은 사울의 불순종으로 갈등이 생기게 되고 사무엘은 길브아로 갔다.

다시 사울은 아말렉과 싸웠으나 불순종으로 인하여 사무엘은 하나님께서 사울이 왕으로 행하는 것을 거절하였다고 말하며 그와의 공식적인 만남을 갖고 (삼상 15:35)

◑ 사무엘의 생애와 사역

다시 라마로 돌아갔다. 여호와는 다시 사무엘에게 왕을 세우도록 하고 베들레헴의 목자이자 이새의 막내 아들인 다윗에게 기름을 부어 이스라엘의 왕으로 세웠다(삼상 16:1-13). 기도의 사람이자 이스라엘의 마지막 사사인 사무엘은 죽어 라마에 장사되었다(삼상 25:1).

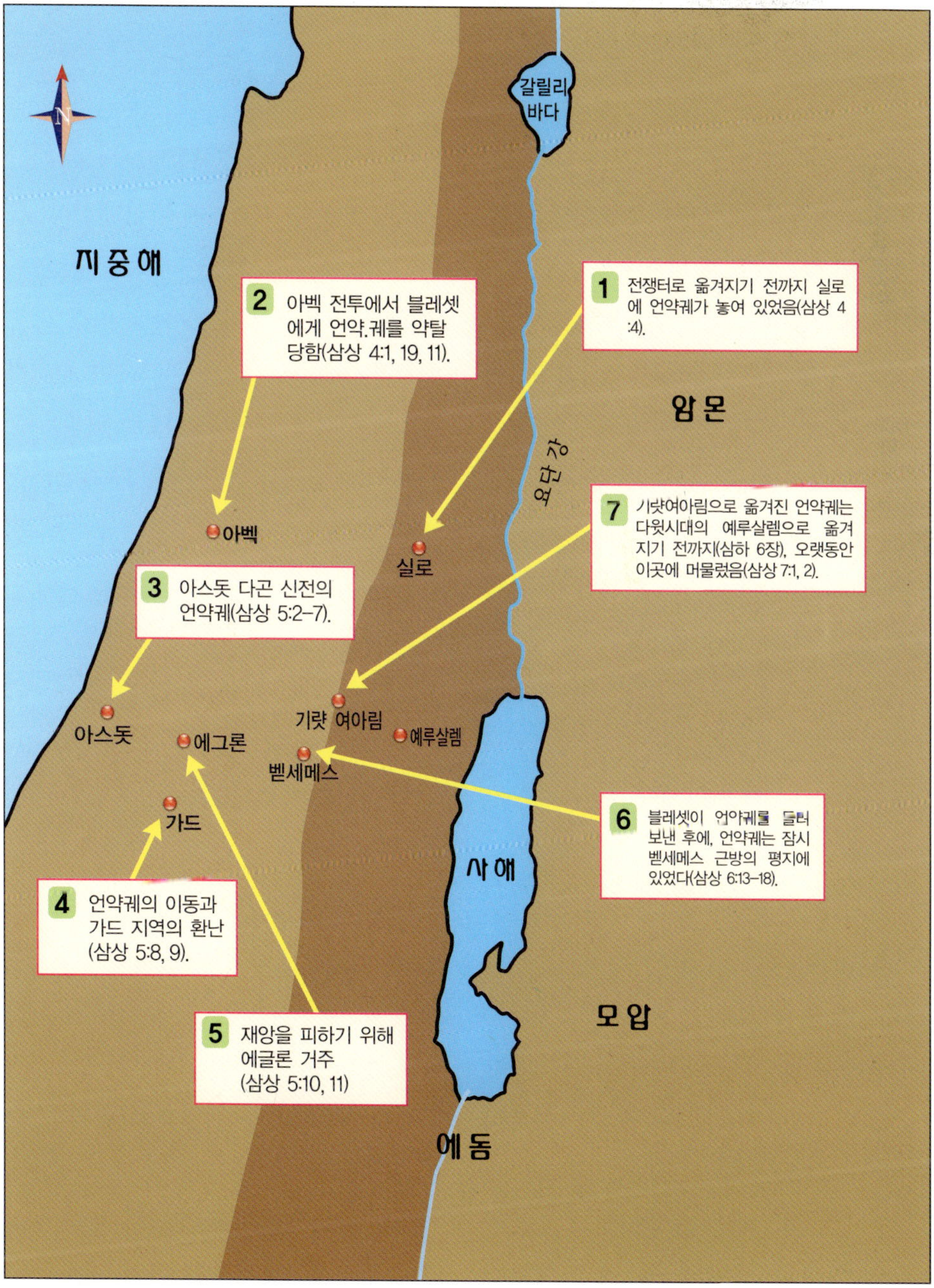

◑ 이스라엘의 언약궤와 이동 경로

V 통일왕국 시대

삼상 10-31장, 삼하, 열왕 1:1, 대상 1-9장

이스라엘의 왕정체제는 신정적 일관성을 계승한 신정적 왕정 체제를 강조한다. 최후의 신정체제의 지도자였던 사무엘은 하나님의 대리자로 최초의 왕인 사울에게 기름을 붓고 이스라엘이 선민과 언약국가로서의 역사를 계승하고 있음을 보여 주었다.

초기 왕정 시대에 이스라엘의 지도자인 3명의 왕들, 즉 사울과 다윗 그리고 솔로몬은 각각 모두 40년 간 이스라엘을 통치 하였다.

1. 사울의 통치 (삼상 10~31장, 대상 10:1-14)

이스라엘의 초대 왕 사울은 베냐민 지파로 기스의 아들이었다. 그는 사사 시대의 최후 사사였던 사무엘로부터 기름부음을 받고(삼상 10:1) 이스라엘의 왕으로 선출되었다(삼상 11:15).

그는 당시 이스라엘을 괴롭히는 블레셋 족속, 모압 족속, 아말렉 족속 등을 쳐부수는 공적을 얻었으나(삼상 11-14장) 하나님께 불순종하여 버림받게 되었다(삼상 13:1-14; 15장).

한편, 그는 골리앗 장사를 이긴 다윗의 인기가 상승하자 그를 시기하여 죽이려고 하였으나(삼상 16-26장) 길보아에서 블레셋과의 전쟁에서 중상을 입고 자살하였다(삼상 31장).

2. 사울의 전쟁

길갈(삼상 11:1-15)

길갈은 길르앗 야베스에서 약 60km 떨어진 곳으로 여리고 부근 성읍이다. 한편, 암몬 족은 자신의 영토를 확장하기 위해 요단 동편에 있는 길르앗 야베스에 진을 쳤다.

길리앗 야베스 사람들은 그들과 종주권적 평화 조약을 맺고자 했으나 거절하자 사울은 이스라엘 자손 30만과 유다 사람 3만명으로 그들을 패배시키고 이스라엘의

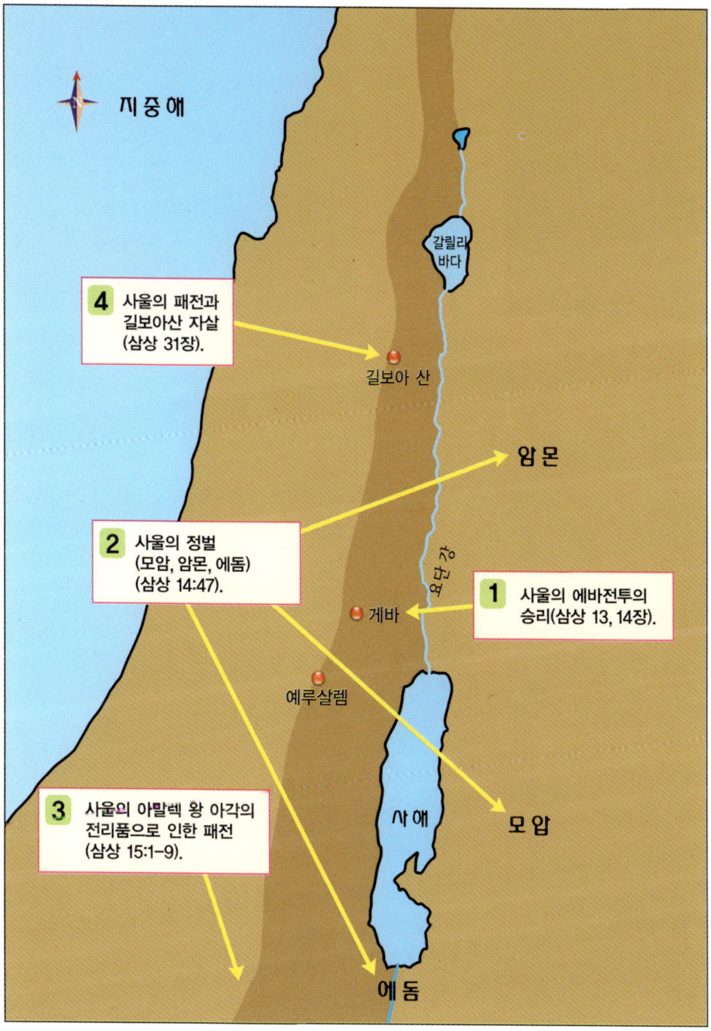

◑ 사울의 전투

왕으로 즉위할 수 있는 발판을 마련하였다. 그는 자신을 왕으로 인정하지 않은 자들을 용서하고(삼상 11:12, 13) 길갈에서 공식적인 즉위식을 가졌다.

믹마스와 벧엘(삼상 13-14)

믹마스는 예루살렘 동북쪽 13km에 위치한 베냐민 지파의 성읍이다.

사울이 왕위에 오른 지 2년째 블레셋 군과 전쟁을 하기 위해 3천명의 군사들을 이끌고 그중 2천명은 그의 수하에 두고 믹마스 주변 산지에 포진하고 나머지 일 천명은 그의 아들 요나단에게 맡기어 기브아에 두었다.

요나단은 병기를 잡은 젊은 군사들과 함께 믹마스 산의 블레셋 파수병을 도륙하여 그들을 공포에 빠뜨렸다. 한편 사울의 군대는 이 혼란을 틈타 재빨리 진격하여 블레셋 군을 격패시켰다.

하지만 전쟁 초기에 이스라엘은 블레셋의 막강한 군사력에 대한 두려움으로 인해 도망하게 되자 위기 상황에 빠진 사울은 대제사장인 사무엘을 기다리지 못하고 사무엘이 드려야 할 번제와 화목제물을 사울 자신이 드리는 잘못을 범하고, 결국 사무엘로부터 그에 대한 책망을 받고 그의 왕위가 길지 못할 것이라는 경고를 받았다.

◑ 믹마스 지역

기브아(삼상 14:24-45)

기브아는 예루살렘 북쪽 6km 떨어진 베냐민 지파의 성읍이다. 사울은 승리에만 급급하여 경솔하게 블레셋과 전투하는 동안 금식령을 내렸는데, 사울의 맹세를 듣지 못한 요나단이 꿀을 먹고 죽임을 당할 지경에 백성의 도움으로 구출되었다.

모압, 에돔, 소바(삼상 14:47)

모압과 암몬은 이스라엘의 동쪽에 위치하고 에돔은 남쪽에, 소바는 북쪽에 위치하였다. 사울은 군사적으로 뛰어난 능력을 발휘하여 주변 국가들을 차례로 정복하였다.

하윌라, 술(삼상 15:1-33)

하윌라는 이스라엘 남방의 변경 지대인 아라비아 반도에 위치한 곳이며 일부 학자들은 페르시아 만 연안의 북쪽에 위치한 곳으로 추정한다. 한편, 술은 출애굽한 이스라엘이 홍해를 건넌 후 들어간 시내 반도에 속한 광야이다(민 33:8). 이 광야는 일명 에담 광야라고도 불렀는데 지중해로부터 홍해 사이를 잇는 넓은 광야였다.

그러므로 이 지역은 아말렉이 흩어져 살던 전 지역을 가르킨다. 한편, 사울은 사무엘부터 에서의 후손인 아말렉을 진멸하라는 하나님의 말씀을 전해듣고 보병과 유다 사람 21만명으로 아말렉을 무너뜨렸다.

그러나 그는 개인적인 명예와 물질 욕에 사로 잡혀서 하나님의 명령인 아각과 양과 소를 진멸하지 않고 길갈로 돌아와 사무엘의 책망을 받고 여호와께서 그로부터 떠나신 사실을 통보받는다.

길갈과 기브아(삼상 15:32-35)

사무엘은 길갈에서 목숨을 부지한 아각을 죽이고 사울과 결별하여 그의 고향 라마로 돌아가서 다시는 그를 만나지 않았다.

엘라 골짜기(삼상 16:14-17:58)

사울이 악신으로 인해 번뇌하자 그의 신하들은 그를 치료하기 위해 수금을 잘 타는 다윗을 천거하였다(16:14-18). 사울은 다윗을 신임하여 그는 병기든 자가 되었으며(19-22) 그를 궁중에서 수금 연주자로 임명하였다(23절).

그때 블레셋이 쳐들어와 거대한 골리앗 장수를 앞세워 이스라엘을 모욕하였고 이스라엘은 두려워 떨고 있었다. 다윗은 엘라 골짜기에 항오를 벌리고 있는 이스라엘 군대에 참전하여 물매로 골리앗을 죽이고 이에 힘을 얻은 이스라엘은 에글론까지 추격하여 블레셋을 격패시켰다. 이로 인해 다윗은 사울 앞에 인도 되었다.

◑ 엘라 골짜기

놉과 아둘람(삼상 18:1-22:23)

위기에 처한 나라를 구한 다윗은 사울의 아들 요나단과 우정을 맺게 되나 점차 사울의 살해 음모로 목숨이 위태롭게 되었으며 급기야 다윗은 10년간의 긴 망명의 세월을 향해 떠난다. 먼저 그는 사무엘이 있는 라마로 가서 상황을 설명하고 그와 함께 거한다(삼상 19:18-24).

십, 마온, 엔게디(삼상 23:14, 19, 26)

다시 사울은 다윗을 추격하기 시작하여 십과 마온 황무지와 엔게디 지역을 수색하였다. 사울은 엔게디 동굴에서 목숨을 잃을 뻔하였으나 오히려 다윗의 도움으로 살게 되었다.

길보아 산(삼상 28:3-5)

사무엘이 라마에서 죽고 대규모의 블레셋 군대가 수넴에 진을 치자 사울은 군대를 모아 길보아 산에서 진을 쳤다.

◑ 길보아 산

엔돌(삼상 28:6-20)

블레셋 군인들을 보고 두려워한 사울은 변장을 하고 신접한 여인을 통해 사무엘을 만나게 되는데 사무엘은 그의 죽음을 예견하였다.

길보아 산 전투의 패배와 사울의 최후(삼상 28:21-31:13)

사울은 신접한 여인과 신하들의 도움으로 다시 길보아 산의 진지에 돌아왔다. 블레셋 군과 전투 중에 사울의 군은 대패를 하게 되며 그의 세 아들도 전사하고 만다(31:2).

그리고 그는 큰 부상을 입어 마침내 자결하고 말았다(2-6절). 블레셋 사람들은 그의 시체를 벧산 성벽에 못 박았으나 이 소식을 들은 길르앗 야베스 사람들은 그의 시체를 가져다 야베스에 장사를 하였다. 결국 사울 왕가는 몰락하고 다윗 왕가가 수립되기 시작하였다.

3. 다윗의 도피 생활 (삼상 21장-31장)

사울의 집요한 살인 계획으로 이제 다윗의 도피 생활이 본격적으로 시작되었다. 그의 도피 기간은 약 10년간(B.C. 1020-1010)으로 대략 세부분으로 요약된다.

1차 도피기는 비교적 도피하기에만 급급한 시기로서 기브아에 있는 그의 자택에서 헤렛 수풀까지(19:9-22:23)이며, 2차 도피기는 다윗이 추격하는 사울의 목숨을 두 번씩이나 살려주고 비록 도피 중에 있으나 그의 추종세력들의 도움으로 백성들에게 신망을 얻는 장면과 마지막 세 번째는 절대 위기에 몰린 다윗이 할 수 없이 블레셋 땅으로 망명하는 블레셋 땅 가드에서 헤브론까지의 장면이다.

놉(삼상 21:1-9)

다윗이 놉 땅으로 피신한 이유는 그곳에 있는 제사장을 만나 하나님의 뜻을 묻고 도움을 얻기 위함인듯하다(21:2). 그는 놉에서 자신이 피신자라는 사실을 숨긴 채 제사장 아히멜렉에게 먹을 것을 구한 후 칼을 구하여 무장한다.

가드(삼상 21:10-15)

다윗은 놉에서 사울의 신하 도엑과 만난 것을 두려워하여 블레셋의 한 성읍 가드로 피신한다. 하지만 그는 그곳에서 자신의 신분이 발각되어 미친 자로 행세한 후 위기를 넘기자 다시 아둘람 굴로 도망한다.

아둘람 굴(삼상 22:1-2)

아둘람은 가나안의 성읍이자 헤브론 서북쪽 16km 지점으로 가드와 베들레헴 사이에 있는 곳이다. 고고학자들은 이곳에서 4백명이 들어갈 수 있는 동굴을 발견하고

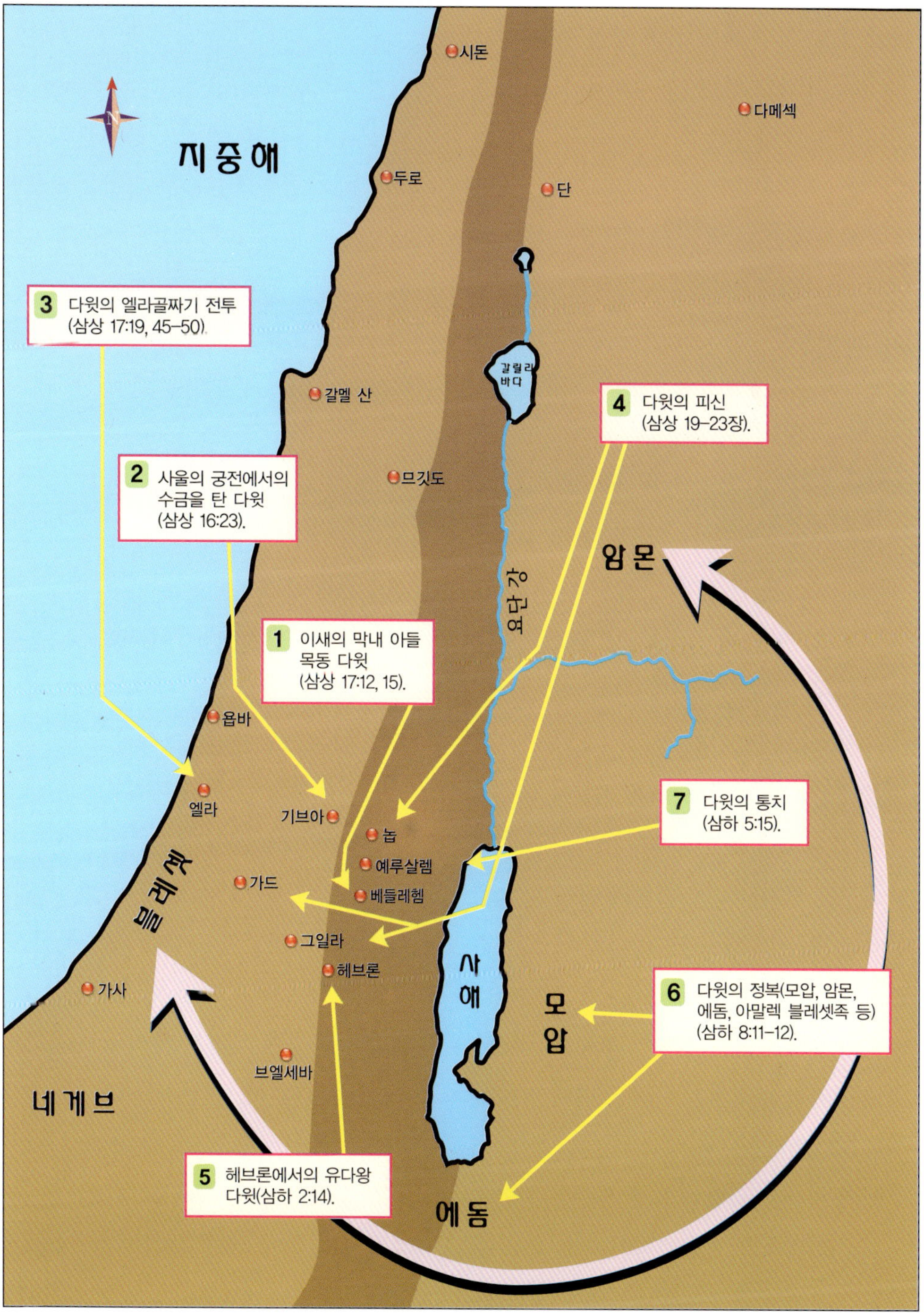
지중해
시돈
다메섹
두로
단
갈릴리 바다
3 다윗의 엘라골짜기 전투 (삼상 17:19, 45-50).
갈멜 산
4 다윗의 피신 (삼상 19-23장).
2 사울의 궁전에서의 수금을 탄 다윗 (삼상 16:23).
므깃도
암몬
요단 강
1 이새의 막내 아들 목동 다윗 (삼상 17:12, 15).
욥바
엘라
기브아
놉
7 다윗의 통치 (삼하 5:15).
예루살렘
가드
베들레헴
블레셋
그일라
헤브론
사해
가사
모압
6 다윗의 정복(모압, 암몬, 에돔, 아말렉 블레셋족 등) (삼하 8:11-12).
브엘세바
네게브
5 헤브론에서의 유다왕 다윗(삼하 2:14).
에돔

◑ 다윗의 생애

다윗의 은신처로 추정하였다. 다윗은 이곳에서 그의 온 가족과 환란 당한 자와 빚진 자, 마음이 원통한 자 등 4백명이 모여 그들의 두령이 되었다.

◑ 아둘람 굴 유적지

모압의 미스베(삼상 22:3-5)

다윗이 모압으로 간 것은 부모와 가족을 안전하게 보살피기 위한 것이었다. 그곳은 그의 증 조모인 룻의 고향이기도 하였다.

하지만 선지자 갓이 그에게 유다 땅으로 들어갈 것을 명한다. 한편, 다윗과 그의 추종자들이 유다 땅 헤렛 수풀에 이르렀다는 소식을 듣자 사울은 신하의 불충을 책망하였고 이기적인 도엑은 이를 빌미로 아히멜렉을 고발한다.

이에 제사장 85명과 놉에 거주한 주민이 모두 진멸당하고 아히멜렉의 아들 아비아달만이 겨우 다윗에게 도망하여 이 사실을 알린다.

그일라(삼상 23:1-13)

그일라는 블레셋 접경지대에 위치한 유다의 성읍이었다(수 15:44). 블레셋 사람들이 그일라 사람들의 추수한 곡식을 약탈한다는 소식을 듣자, 다윗은 6백 명의 군사와 함께 블레셋을 물리치고 동족을 돌볼수 있게 되었다. 그러나 사울을 두려워한 그일라인들은 다윗을 배반하고 만다.

십 황무지(삼상 23:14-23)

십은 그일라에서 남동쪽으로 22km 떨어진 황무지로서 다윗은 이곳에서 사울의 아들 요나단을 만났으나 십 거민들의 밀고로 다시 마온으로 피신하였다.

마온 황무지(삼상 23:24-28)

나발과 아비가일의 고향인 마온은 십 황무지에서 남쪽으로 8km 떨어진 곳이다. 마온까지 추격한 사울은 블레셋의 공격으로 다윗 추격하기를 중단하고 다시 돌아간다.

엔게디 황무지 동굴 사건(삼상 24장)

아브라함 시대에는 아모리인들이 엔게디 지역에 거주하였고 그 위치는 사해 서안의 중간에 위치한 오아시스이다(수 15:62). 다윗이 엔게디 황무지에 있다는 소식을 들은 사울은 군사 3천을 이끌고 우연히 엔게디 동굴로 들어간다.

다윗은 그를 죽일 절호의 기회를 얻었으나 그의 옷자락만 베고 아침에 사울에게 보이자 사울은 다윗의 인격에 감동되어 추격을 중단하였다.

◑ 엔게디 골짜기

바란 광야(삼상 25:1)

◑ 바란 광야

현재 '에디'(ettin, 유랑의 들)라고 하는 바란 광야는 시나이 반도의 중앙부에 펼쳐진 대 광야이다. 사무엘의 죽음으로 다윗은 바란 광야로 갔다.

갈멜(삼상 25:2-44)

마온이 고향인 나발은 그의 고향에서 북쪽으로 1.6km 떨어진 풍요로운 마을 갈멜에서 일하였다. 다윗은 광야에 피신하는 동안 나발의 목자와 가축들을 보호해 주었으나 나발은 그의 은혜를 모르는 자였다.

다윗은 4백명의 군사를 이끌고 그를 징계하려 했으나 지혜로운 그의 부인 아비가엘의 중재로 그는 죽음을 모면하였다. 이후 아비가일은 다윗의 부인이 된다.

하길라 산 기습 사건(삼상 26장)

현재 다흐렛 엘 골라(Dahret el-Kola)라고 부르는 하길라 산은 십 광야에서 동쪽으로 9km 떨어진 곳이다. 기브아에 있는 사울에게 다윗의 소식을 알려 주자 사울은 다시 3천명의 군사와 함께 이곳에 도착하여 밤에 잠을 자는데 다윗은 그를 죽이지 않고 그의 창과 물병만을 가지고 나왔다.

사울은 그의 군대 장관 아브넬을 책망하고 다윗의 관용에 자신의 과오를 사과하고 본거지로 돌아갔다.

다윗의 블레셋 망명(삼상 27, 30장)

다윗이 사울을 피해 망명한 가드는 블레셋의 5대 도시 중에 하나였다. 다윗은 가드 왕 아기스에 망명하여 그를 섬기던 중 시글락을 얻고 아기스를 위해 싸웠다. 사울이 블레셋과 전투 중에 전사하자 비로서 다윗의 길고 험했던 도피 생활의 대단원이 끝을 맺었다.

4. 다윗의 유다왕 즉위와 정복활동(삼하 2-8장; 대상 18-20장)

다윗은 사울이 죽자 유다의 왕으로 추대되어 유다를 다스리기 시작하였다. 그러나 사울을 지지하던 이스라엘의 다른 2지파는 사울의 아들 이스보셋을 왕으로 세우고 2년간 두 왕국은 싸움을 계속하였다. 그러나 마침내 이스보셋의 군대 장관 아브넬이 배반하여 다윗과 동맹을 맺었으며, 그후 아브넬은 요압에 의해 살해 당하고 이스보셋은 레갑과 바아나에 의해 암살당함으로 두 왕국의 전쟁이 끝이 났다(삼하 2:12-4:12).

다윗은 이스보셋의 사망으로 이스라엘 12지파 전체로부터 왕으로 추내되었고 그는 가나안과 블레셋과의 전투에서 완승을 거두고 기럇여아림에 머물던 빼앗긴 법궤를 예루살렘으로 가져오는 등 점차적으로 주변 지역을 점령하면서 강력한 독립국가를 갖추게 되었다(삼하 8). 하지만 그의 왕국은 융성하였으나 밧세바를 불법으로 취하고 그의 남편 우리아를 전쟁에서 죽임으로 인하여 가정이 계속적으로 불화를 당하게 되었다.

다윗은 이스라엘 백성을 40년 간 치리하였는데 7년 반은 헤브론에서 33년은 예루살렘에서 치리하다가 71세로 사망하였다(삼하 5:4; 왕상 2:11).

예루살렘 정복(삼하 5:4-10)

◑ 다윗의 망대

이스라엘 백성들은 사울의 아들 이스보셋과 그의 군장 아브넬이 암살당하자 헤브론 총회에서 다윗에게 기름을 붓고 이스라엘의 왕으로 추대하였다. 다윗왕은 여부스족을 응징하고 예루살렘을 정복한 후 통일

왕국 이스라엘의 수도를 헤브론에서 예루살렘으로 옮기게 되었다.

블레셋과의 전쟁
(삼하 5:17-22, 21:15-22)

다윗이 왕위에 즉위하자 블레셋이 침입하였다. 그때 그는 전쟁에 앞서 출전 여부를 하나님께 묻는 철저한 신앙을 보여준다(5:19,23). 한편, 그는 군사들을 이끌고 나가 바알브라심에서 블레셋 군사들을 물리치고 다시 공격하자 게바에서 가셀에 이르는 지역까지 추격하여 정복하였다. 블레셋이 다윗의 통치를 받게 되자 불레셋에 속한 도읍들이 다윗의 영토에 귀속되었다.

다윗의 주변지역 정복
(삼하 8:1-14, 10:1-19, 24:6-7)

다윗은 모압과 소바 및 아람, 베다, 베로대, 하맛, 에돔, 두로와 시돈 등 대외적으로 주변 열강들을 정복해 나갔다. 다윗이 모압을 정복한 것은 발람의 입을 통해 예언한 것의 성취였다(민 24:17).

그는 전쟁 포로들을 세 부류로 나누어 끝까지 저항한 자들은 죽이고 투항한 부류는 살렸다. 소바는 유브라데 강 근처 다메섹과 하맛 사이에 위치한 아람 족속의 소왕국이다. 하닷에셀이 왕으로 등극하자 아람 세력을 규합하여 유브라데스 강으로 진군하였으나 다윗에게 패하였다.

다메섹 아람 사람들은 다메섹을 수도로 하여 소국을 이룬 아람인들로 이스라엘이

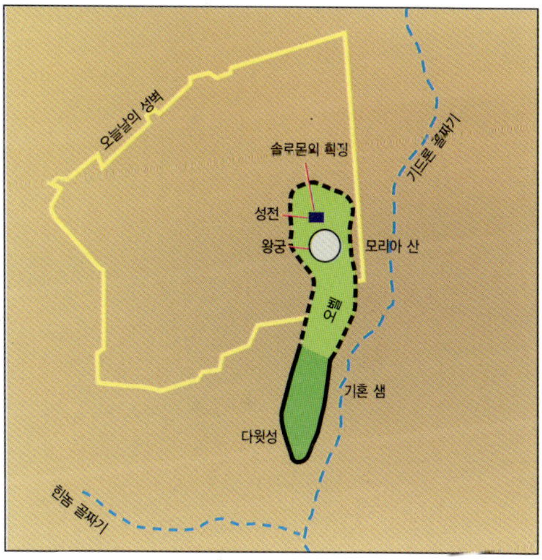

◑ 다윗 성

세력을 얻자 소바의 하닷에셀의 도움으로 이스라엘을 견제하고자 하였다. 베로대는 다메섹의 동남쪽, 유브라데 동족이며 하맛은 아람 족속이 세운 소국으로 오론테스강 유역의 상부 수리아의 가장 큰 성읍이 있다(암 6:2). 한편, 그는 염곳에서 에돔사람 1만 8천 명을 죽이고 그곳에 수비대를 두었다. 다윗의 인구 조사를 통해 나타난 사실은 두로와 시돈까지도 다윗의 영토에 속하였다는 것이다(삼하 24:6-7).

그러므로 다윗의 영토는 북쪽 시리아에서부터 서쪽 블레셋 해안과 동쪽의 암몬과 모압까지 커다란 영토를 소유하게 되었다.

다윗과 솔로몬 왕국

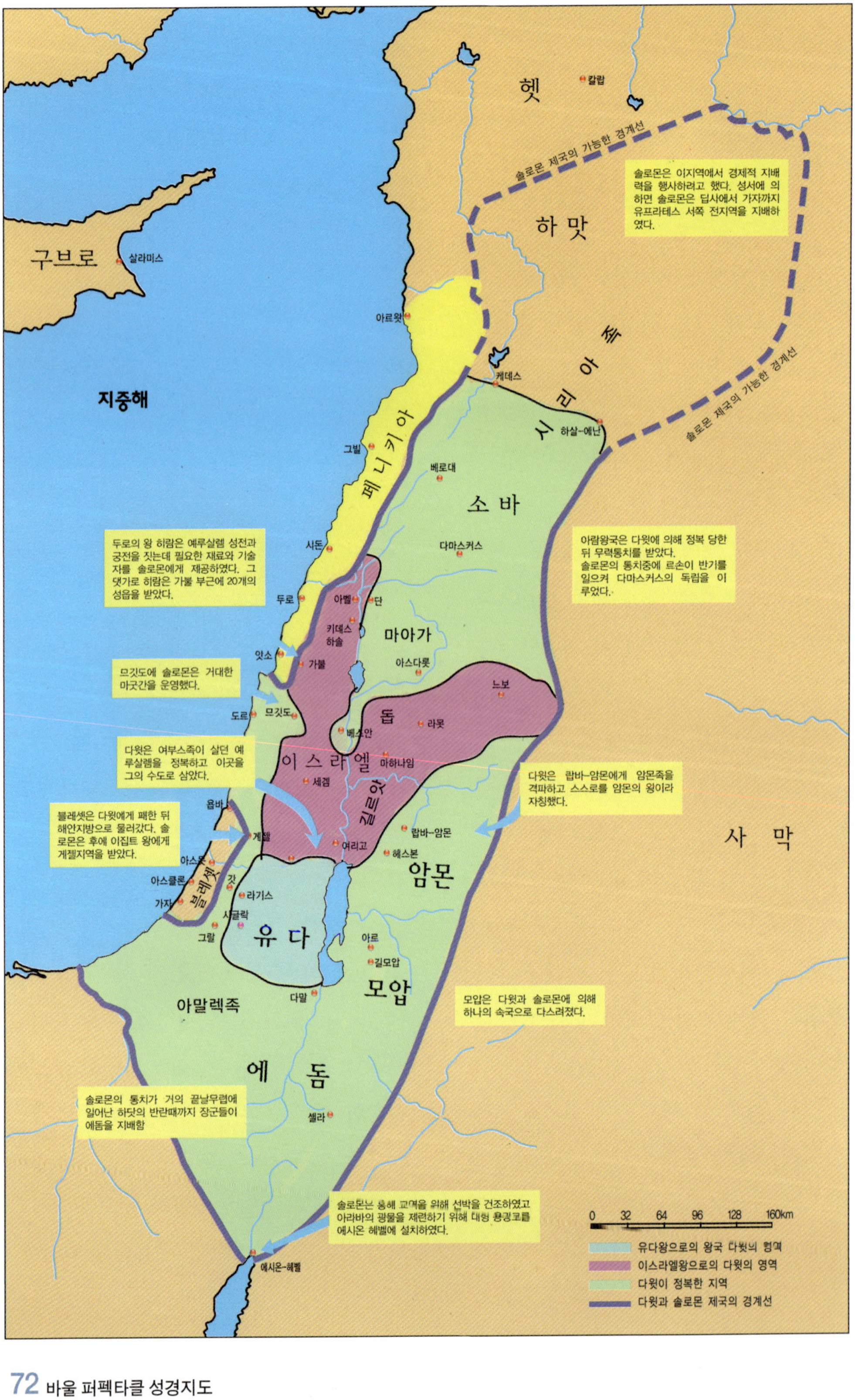
헷
칼랍
솔로몬 제국의 가능한 경계선
솔로몬은 이지역에서 경제적 지배력을 행사하려고 했다. 성서에 의하면 솔로몬은 딥사에서 가자까지 유프라테스 서쪽 전지역을 지배하였다.
하 맛
구브로
살라미스
아르왓
시 리 아 족
케데스
지중해
하살-에난
솔로몬 제국의 가능한 경계선
그빌
페 니 키 아
베로대
소 바
두로의 왕 히람은 예루살렘 성전과 궁전을 짓는데 필요한 재료와 기술자를 솔로몬에게 제공하였다. 그 댓가로 히람은 가불 부근에 20개의 성읍을 받았다.
시돈
다마스커스
아람왕국은 다윗에 의해 정복 당한 뒤 무력통치를 받았다.
솔로몬의 통치중에 르손이 반기를 일으켜 다마스커스의 독립을 이루었다.
두로
아벨
단
키데스
하솔
마아가
악소
가불
아스다롯
므깃도에 솔로몬은 거대한 마구간을 운영했다.
느보
도르
므깃도
돕
라못
베스안
다윗은 여부스족이 살던 예루살렘을 정복하고 이곳을 그의 수도로 삼았다.
이 스 라 엘
마하나임
세겜
다윗은 랍바-암몬에게 암몬족을 격파하고 스스로를 암몬의 왕이라 자칭했다.
욥바
길르앗
블레셋은 다윗에게 패한 뒤 해안지방으로 물러갔다. 솔로몬은 후에 이집트 왕에게 게젤지역을 받았다.
게젤
랍바-암몬
사 막
여리고
헤스본
아스돗
암몬
아스글론
갓
블레셋
라기스
가자
시글락
그랄
유 다
아로
길모압
모압
다말
아말렉족
모압은 다윗과 솔로몬에 의해 하나의 속국으로 다스려졌다.
에 돔
솔로몬의 통치가 거의 끝날무렵에 일어난 하닷의 반란때까지 장군들이 에돔을 지배함
셀라
솔로몬는 홍해 교역을 위해 선박을 건조하였고 아라바의 광물을 제련하기 위해 대형 용광로를 에시온 헤벨에 설치하였다.
0 32 64 96 128 160km
유다왕으로의 왕국 다윗의 영역
이스라엘왕으로의 다윗의 영역
다윗이 정복한 지역
다윗과 솔로몬 제국의 경계선
에시온-헤벨

5. 솔로몬의 통일 왕국
(B.C. 990-932)

이스라엘의 3대왕 솔로몬은 밧세바의 두번 째 아들로 여호와께서 그를 사랑하여 선지자 나단을 보내어 '여디디야'(여호와께 사랑을 입음)로 하였다.

대부분의 생을 전쟁으로 보낸 다윗은 그 이 치세가 평안과 안정을 기원하는 마음으로 그에게 '솔로몬'(평화의 사람)이라 명하였다(대상 22:9).

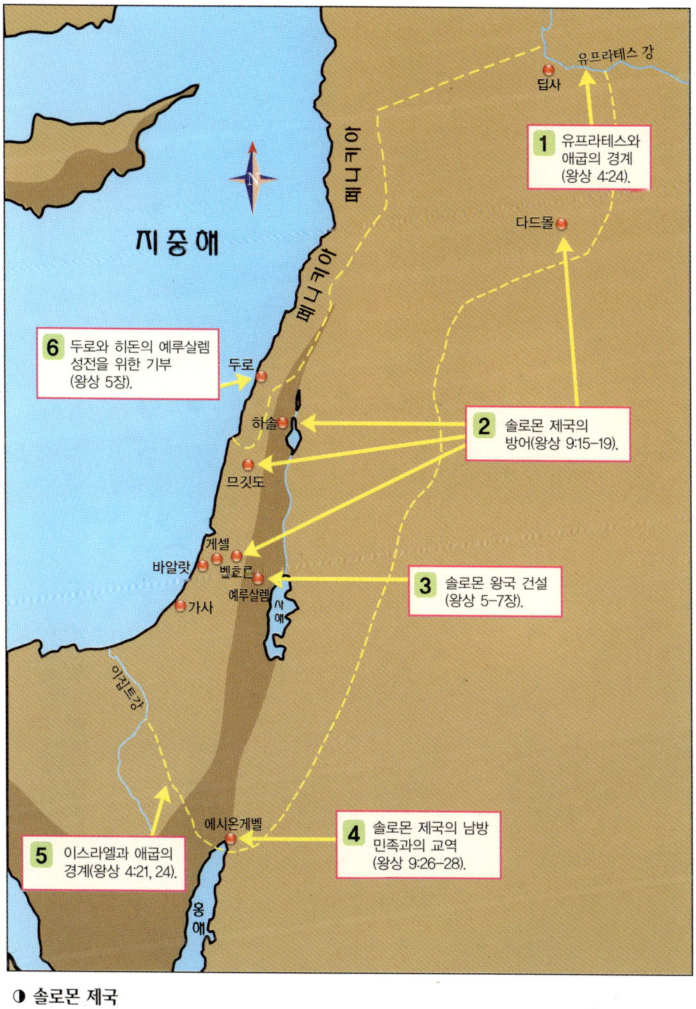

◑ 솔로몬 제국

솔로몬의 왕위 등극(왕상 1-2장)

다윗이 노쇠하여지자 왕위를 찬탈하려는 아도니야의 음모가 선지자 나단과 밧세바의 충고로 다윗이 알게 되었고, 그는 솔로몬을 왕으로 세우기로 결단하였다. 솔로몬은 다윗이 타던 노새를 타고 기혼으로 내려가 백성들 앞에서 제사장 사독에게 기름부음을 받고 이스라엘의 왕에 즉위하였나(왕상 1:32-39). 솔로몬의 왕위 등극은 아도니야의 반란을 잠재우고 백성들에게 평화를 가져왔다(40절).

한편, 다윗은 솔로몬에게 유언하는데 크게 하나님께 대하여 할 일과, 사람에 대하여 할 일을 언급하였다(2:1-9). 하나님께 대하여 할 일은 신명기의 주제로서 "하나님의 명령을 지켜 준행하라"는 것이었고, 사람에 대한 유언은 "과

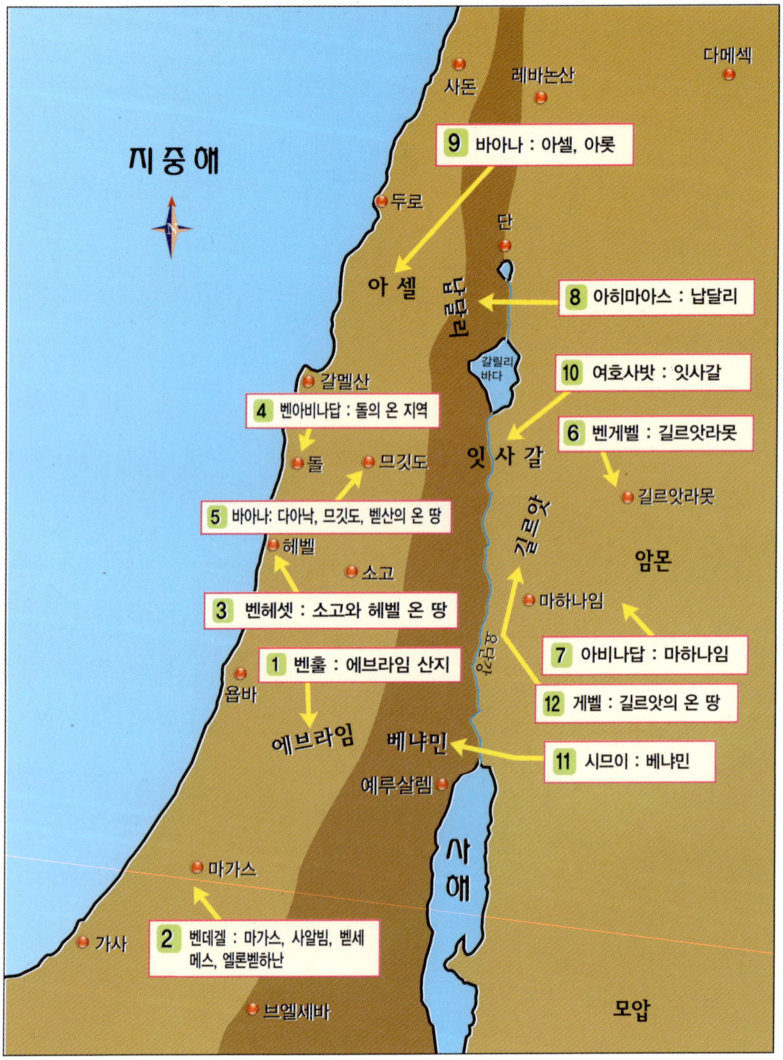

◑ 솔로몬의 행정 구역

거 하나님의 신정 왕국 건설에 거스려 행했던 우상을 멸하고 다윗을 도와 나라를 위기에서 구한 공신들을 예우하라"는 것이다(5~7절). 한편, 모반하여 목숨을 부지했던 아도니야는 다시 악한 계교를 꾸미다 처형되었는데 밧세바로 하여금 수넴 여자 아비삭을 자기의 아내로 청원한데 있었다.

이 일은 그가 은연중에 다윗의 진정한 후계자인 것처럼 부각시키려는 간교한 술책이 포함된 것이었다(삼하 16:21, 22). 그러므로 솔로몬은 밧세바와 아도니야의 청원에도 불구하고 반역자를 처단하였다. 또한 그는 아도니야의 모반에 가담한 아비아달과 요압, 그리고 다윗을 저주한 시므이를 처단하였다.

솔로몬의 지혜와 왕국의 번성 (왕상 3-4장)

솔로몬은 하나님을 경외하는 증표로서 기브온에서 일천 번제를 드렸다. 그러한 열망은 하나님의 마음과 부합되어 지혜와 부, 그리고 장수의 복을 약속 받았다. 그러므로 그는 탁월한 지혜로 창기의 진정한 아들이 누구인지 판결하였다(3:16-28).

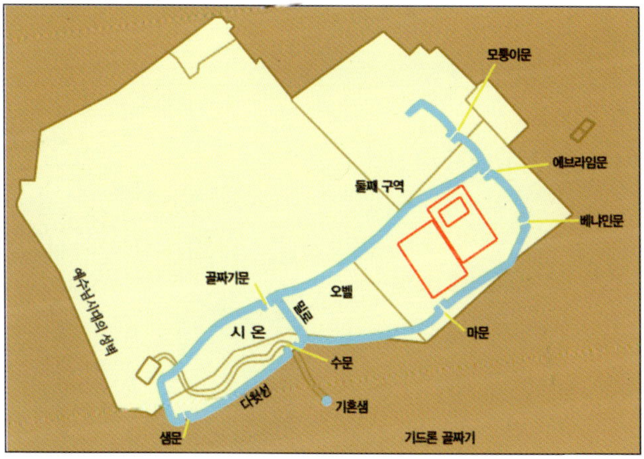

◑ 솔로몬의 통치시 예루살렘

한편, 그는 행정 내각의 신하들의 명단을 정리하고 왕국을 12행정구역으로 나누고 각 구역마다 장관을 세웠다.

이러한 지혜로운 그의 통치는 백성들에게 부요와 평안을 가져왔으며 주변 국들도 평화를 누리게 되었다. 또한 솔로몬은 지혜가 출중하여 일천 여편의 시와 잠언 삼천을 말하였고 그 노래는 일천 다섯이며, 그리고 자연과학의 탁월한 지혜를 갖게 되었다.

솔로몬의 성전 건축(왕상 5-8장)

솔로몬의 성전 건축은 그가 왕으로 즉위한 지 제 4년 이스라엘 백성이 출애굽 한지 480년인 B.C. 966년에 시작되었다. 먼저 성전은 외부 건축으로 시작되었는데 건축하는 동안 철 연장 소리가 들리지 않게 하여 성전의 거룩함과 평화를 유지하기를 원했다(6:7). 한편 하나님은 성전 공사 중에 나타나 솔로몬이 하나님의 말씀과 계명을 준행하면 하나님께서 다윗과 맺은 언약을 이루겠다고 약속하셨다(12, 13절).

솔로몬이 건축한 성전의 내부는 금으로 장식하였으며 하나님의 지시에 따라 성소와 지성소를 구분하고 언약궤와 그룹이 설치되었다(대상 28:11-19). 성전 건축은 시작한 지 7년만인 B.C. 959년에 완성되었다. 솔로몬은 성전 봉헌 기도를 통해 하나님의 눈이 항상 성전을 향해 주시기를 간청하였다(왕상 8:29).

성전과 궁전이 완성되자 하나님께서 다시 나타나 그에게 하나님의 명령을 준행하면 얻을 복과 불순종하고 우상을 숭배하면 이스라엘을 멸망시킬 것을 언급하였다(왕하 24:10-25:30).

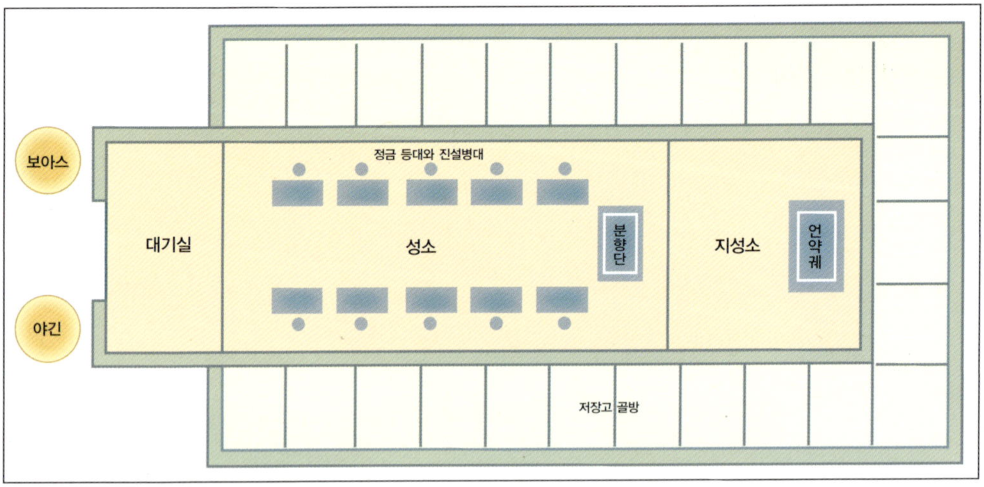

◑ 솔로몬 성전

솔로몬의 영화(왕상 10장)

다윗은 솔로몬에게 금 10만 달란트와 은 백만 달란트, 놋, 철 등 많은 재물을 물려주었으며 솔로몬은 세입금이 매년 666달란트와 열방으로부터 조공을 받았다(왕상 10:14,15).

그는 많은 재물로 성전과 궁전을 지었으나 국내와 외국으로부터 수많은 처첩을 맞이하여 그들이 가져온 우상은 궁중에 가득하여 우상의 소굴이 되고 말았다.

솔로몬의 타락(왕상 11장)

솔로몬은 나라를 강하게 하고 평화를 유지하기 위해 주변 강대국과 정략 결혼을 하였다. 그러나 이는 이방인과 결혼을 금하는 하나님의 계명을 어기는 중대한 범죄였다(신 7:3,4).

그러므로 솔로몬의 다처주의와 이방 아내들의 미혹에 빠져 그들이 섬기는 우상을 숭배한 것은(11:5-8) 이스라엘을 패망의 길로 인도하였던 것이다. 하나님은 범죄한 솔로몬에게 이스라엘 왕국을 빼앗아 그의 신복에게 줄 것을 예언하였다(9-11절).

솔로몬을 대적하여 반역을 일으킨 자는 에돔 사람 하닷(14절)과 르손이 있었으며 여로보암을 일으켜 솔로몬을 심판하는 도구로 사용하였다(11:26-40).

분열 왕국 시대

다메섹
두로
단
페니키아
게네스
하솔
아람(수리아)
악고
지중해
갈릴리 바다
야르묵 강
갈멜 산
다볼 산
기손 강
이스르엘
므깃도
이스르엘
다아낙
벧산
길르앗 라못
야베스 길르앗
디르사
요단 강
사마리아
에발산
숙곳
세겜
얍복 강
그리심 산
아벡
실로
암몬
욥바
이스라엘
랍바
벧엘
여리고
게셀
느보산
헤스본
예루살렘
메드바
아스돗
베들레헴
가드
아스글론
아둘람
드고아
사해
디본
가사
헤브론
아르논 강
드빌
블레셋
유다
모압
아랏
길하레셋
브엘세바
세렛 시내
수도
에돔

선지자들의 고향

지중해
페니키아
시리아
이스라엘
암몬
유다
모압
블레셋
사해
갈릴리 바다
메롬호
이욘
헬몬 산
다메섹
알랍
두로
호사
가나
벧아낫
아벨벧마아가
단
금송아지를 만든곳
게데스
메롬
암몬
악십
압돈
벧세메스
마돈
마솔
벧에멕
벳새다
악고
가르나임
아스다롯
가불
가나
아벡
한나돈
아래 아벡
위 아벡
엔간님
기드론
악삽
갈멜산
시므론
나사렛
다볼산
가르다
담베셋
엔돌
가다라
욕느암
수넴
아르봇
하비라임
에드
돌
므깃도
로드발
벧아벨
다아낙
라못 길르앗
랍빗
벧산
길보아산
르홉
아베스 길르앗
도단
헤벨
데베스
거라사
디르사
사마리아
에발산
세겜
북왕국 수도
사르단
숙곳
브누엘
아벡
바라돈
미스바
욕므암
사르단
아담
르보나
실로
아벡
욕브하
아셀
오노
욥바
스레다
브도님
랍바
오브라
벨니므라
금송아지를 만든곳
룻
벧엘
아이
아벨그라밈
길갈
아래 벧호론
위 벧호론
여리고
미스바
헤스본
깁브돈
게셀
아얄론
야브넬
시그론
기브온
바라
벧아라바
벧호글라
벧여시못
벧브올
에셀
에그론
딤나
소라
예루살렘
남왕국 수도
연성
느보산
메드바
벧세메스
야스돗
가드
베들레헴
야하스
아둘람
립나
드고아
아스글론
마레사
느십
벧술
아다롯
벧가물
대부분의 성읍이 독립함
라기스
디본
헤브론
아로엘
에글론
드빌
십
갈멜
엔게디
가사
마온
그랄
시글락
산산나
얏딜
아르
라피아
벧벨렛
아랏
소돔
사루헨
브엘세바
고모라
길하렛셋
호르마
아도마
호로나임
아로엘
소알

VI 선지자들의 고향

신명기적 역사관을 따르지 않고 사치와 향락을 일삼으며 우상 숭배를 하였던 솔로몬의 범죄로 인해 이스라엘은 남북으로 분열되었다. 이스라엘이 남북으로 분열된 직접적인 원인은 르호보암의 압제 정치에 기인한다.

그는 왕으로 즉위할 때 (B.C. 930-913) 솔로몬이 다스릴 당시 강제 노역과 세금의 멍에를 완화해 줄 것을 요구하는 북쪽 열 지파의 청원과 원로들의 충고를 무시하고 소년들의 요구대로 강압 정치를 하였다(왕상 12:1-14).

그리하여 이스라엘 열 지파는 다윗 왕조와 결별을 선언하게 되었던 것이다(16절). 한편, 그들은 르호보암이 보낸 감역관 아도니람을 죽이고 여로보암을 그들의 새로운 왕으로 세웠으나 그는 금송아지를 만들어 벧엘과 단에 두어 서민을 제사장으로 삼고 이스라엘의 신앙을 변절 시키고 말았다.

그러므로 하나님은 애굽왕 시삭을 통한 징계와 남북 왕국간의 전쟁을 아히야 선지자를 통해 예견하였다(왕상 14장).

1. 르호보암의 치세
(B.C. 930-913)

르호보암은 암몬 사람 나아마가 솔로몬 사이에서 낳은 아들로서 41세에 솔로몬의 뒤를 이어 왕위에 올라 17년 간 유다를 통치하였다(왕상 14:21-31). 그는 왕국이 분열되자 자신의 지파에 속한 18만명의 정예부대를 이끌고 반역자들을 정벌하려 하였으나 선지자 스마야가 반대하여 중단하였다(왕상 12:21-41).

또한 그가 통치한지 5년에 시삭 왕이 유다를 침공하여 솔로몬의 금방패와 모든 보물을 약탈당하게 되고(14:25-28) 그 세력이 약화되어 뜻을 이루지 못하였다. 그후 그는 베냐민 지파의 많은 성읍을 성채로 공고히 하고 요새를 견고히 구축하는 한편 군대를 정비하여 유다와 베냐민을 확보하는데 진력하였다.

2. 여로보암의 통치 (왕상 12:25-33)

여로보암은 에브라임 사람으로 그의 부친 느밧은 솔로몬의 신복이었다. 그는 젊어서 부지런하여 솔로몬에게 인정받고 요셉 족속의 노동 감독자가 되었다(왕상 11:28). 선지자 아히야는 그가 왕이 될 것을 예언하였고 솔로몬이 그를 죽이려 하자 애굽으로 도망하여 시삭 왕에게 보호를 받았다(왕상 11:29-40).

솔로몬의 사후 왕이 된 그는 세겜성을 건축하여 수도로 삼고 아히야의 예언의 권고를 무시하여 백성들이 예루살렘으로 내려가 제사를 드리려 하자 벧엘과 단에 금송아지를 만들어 그들로 하여금 숭배하게 하였으며(12:26-30) 이후에 호세아 왕을 제외한 역대 왕들이 이를 답습했기 때문에 여로보암을 가르켜 "이스라엘에게 죄를 짓게 한 느밧의 아들 여로보암의 길을 행한 자"(15:26)로 기록되었다.

한편, 그는 초막절을 변경하여 7월 15일을 8월 15일로 개정하였다(12:32).

3. 북 왕국 이스라엘 왕조의 역사

북 왕조는 솔로몬 사후 여로보암으로부터 시작하여 모두 18명의 이스라엘 왕이 재임하였으며 모반으로 인해 8번 왕조가 바뀌는 비극을 겪었다.

이스라엘의 북왕국은 왕조가 안정을 누리지 못하였다. 여로보암은 왕조를 형성하지 못했고 그의 아들은 2년 밖에 통치하지 못하였으며 바아사는 하나님의 도구가 되어 우상숭배를 하였던 여로보암의 가문을 멸절 시키고 3대 왕(B.C. 909-886)이 되었다.

또한 시므리는 바아사에 이어 이스라엘의 왕이 된 엘라를 모반하여 제 5대 왕위에 등극하였으나 7일만에 몰락하였다. 시므리는 그가 반란을 일으킬 당시 깁브돈 전투에 참전했던 오므리와 이스라엘의 공격을 받자 왕궁을 불지르고 그 가운데서 불에 타 죽었다(왕상 16:15-18). 시므리에 이어 이스라엘의 왕에 오른 오므리는 디브니를 추종하는 세력과 4년간의 내전을 종식시킨 이후 이스라엘의 왕으로 등극하여 12년을 통치하였다(21-23절).

그는 남과 북을 잇는 중요한 무역로인 사마리아를 수도로 정하고 탁월한 건축가로서 성을 건축하였으며 페니키아의 두로와 동맹을 맺기도 하였다. 한편 아합(B.C. 874-853)은 오므리를 이어 이스라엘의 7대 왕에 등극하여 22년 간 통치하였다.

그에 대한 기록은 열왕기상 부터 22장까지, 무려 일곱 장에 걸쳐 기록할 만큼 방대

하나 그는 부인 이세벨과 함께 바알 신을 숭배하며 여로보암의 죄를 가볍게 여길만큼 여호와의 신앙을 멸절하려는 악한 왕으로서 하나님의 선지자인 엘리야와 그의 제자 엘리사를 대적하였다.

아합이 죽자 그의 아들 아하시야가 8대 왕위에 올랐으며 즉위 2년에 난간에서 떨어져 병으로 죽었다.

그후 이스라엘은 아하시야가 형제가 없자 그의 형제인 여호람이 왕위에 오른다.

그는 이스라엘의 종교 개혁을 시도했으나 만족할 만한 결과를 얻지 못햇다. 한편, 나봇의 포도원에서 요람을 화살로 죽인 예후는 그의 시체를 나봇의 포도원에 던지고 이는 엘리야의 예언대로 아합 가문에 대한 하나님의 심판이라 (왕하 9:11~26) 하고 왕으로 등극한다.

◑ 바알 숭배

그는 이스라엘의 바알 숭배를 근절시켰으나 여로보암이 만든 금송아지 숭배는 제거하지 못하였다. 하나님은 그에게 4대 왕조인 여호아하스, 요아스, 여로보암, 스가랴를 허락하였으나 그의 왕조는 쇠퇴하여 모암이 갈라서고 시리아가 요단 동편을 차지하게 되며(왕하 10:32,33) 앗시리아가 커다란 세력으로 등장하여 가나안을 정복하여 그들을 괴롭히기 시작하였다.

이스라엘의 역사는 스가랴 때부터 이스라엘의 패망까지 약 30년간 무려 다섯 명이 왕위 쟁탈전을 벌였으며 그들은 모두 폭도에 의해 살해 당하였다고 기록한다.

이 사건은 "내가 이스르엘의 피를 예후의 집에 갚으며"(호 1:4)라는 하나님의 예언 성취이다. 이스라엘의 마지막 왕 호세아는 앗시리아를 배척하고 애굽에 도움을 요청하자 앗시리아의 살만에셀(B.C. 727-722)은 이스라엘에 침입하여 사마리아를 정복하기 시작하여 그의 계승자인 사르곤 2세(722-705) 때 완전히 정복당하고 이스라엘의 생존자는 추방되며 이교도들이 유입되고 그들이 가져온 우상으로 우상의 도시가 되었다.

한편, 이교도들에게 의해 정복당하여 그들로부터 인종과 종교의 혼합당함은 신약시대에도 사마리아인들에 대한 적대감을 불러일으켰다.

4. 남왕국 유다 왕조의 역사

남 유다 왕국은 북 이스라엘 왕국과 달리 여호와를 대적하는 악한 왕과 그를 따르는 선한 왕들이 나타난다. 그러므로 열왕기에서는 유다 왕국의 등극을 알리는 도입부에서 왕들이 다윗의 경건과 헌신의 기준을 따랐느냐 하는 것이 관건이었다. 유다 왕국은 결국 하나님을 배반하여 멸망하였지만 호세야 선지자의 예언대로 "에브라임은 거짓말로 이스라엘 집은 기만으로 나를 에워싼 유다는 여전히 하나님과 함께 다스리며 그 성도들과 더불어 신실하도다"(호 11:12) 하는 말씀을 상기 시키고 있다.

분열된 유다 왕국의 초대 왕인 르호보암은 외우내환에도 불구하고 다윗의 집을 지키려고 노력하였다. 하지만, 르호보암 즉위 5년(B.C. 917)에 리비아 귀족 출신인 애굽왕 시삭은 병거 1천 2백승과 마병 6만 명으로 예루살렘을 공격하여 왕궁에 있는 모든 보물을 약탈하였다.

◑ 유다의 우상숭배

성서는 시삭의 침공은 우상숭배를 한 르호보암와 유다를 징계하기 위함이었다고 언급한다(대하 12:2). 한편, 르호보암은 시삭에게 빼앗긴 솔로몬의 금방패 대신 놋방패를 만들어 사용하였다고 하였는데 이는 하나님의 징계로 솔로몬의 황금기가 사라지고 쇠퇴기로 접어들었다는 것을 시사하고 있다고 성서학자 매튜 헨리는 언급하였다.

르호보암의 뒤를 이어 아비얌이 2대 왕위에 올랐다. 그는 르호보암의 첩 마아가의 아들로 그의 장자가 아님에도 불구하고 왕위에 올랐다(대하 11:21,22).

그의 재위 기간 중에 두 왕국 사이의 전쟁이 계속되었으며 유다의 영토는 확대되었다(대하 13:1-22). 3대 왕 아사는 유다를 41년간 통치하고(B.C. 910-869) 여호와 보시기에 정직하게 행하여 마음이 일평생 여호와 앞에 온전하였다(왕상 15:11, 14). 그는 역대 왕과 달리 태후가 우상 숭배자라 하여 폐위하고 종교 타락과 우상숭배를 근절하는 종교 개혁을 하였던 인물이다.

그러나 우상 숭배의 근원지인 산당을 제거하지 않음으로 우상숭배의 빌미를 제공하는 실수를 범했으며(왕상 22:43) 이스라엘의 바아사와 전쟁할 때 시리아와 동맹한 일로 하나님께 책망받았다. 아사 이후에 35세의 나이로 유다의 왕이 된 여호사밧은 25년을 통치하여 신앙부흥 운동을 전개하고 군비 확장과 재판제도를 체계화 하는 등 많은 업적을 남긴, 여호와 보시기에 정직한 왕이었다.

그러나 그도 산당을 제거하지 않는 실수를 하였으며 또 하나님의 의중을 묻지 않고 이스라엘의 왕 아합과 동맹을 맺었다(왕상 22:4). 여호사밧의 아들로서 유다의 제5대 왕이 된 여호람은 그의 부친과 달리 여호와 보시기에 악을 행한 자였다.

그는 아합의 딸 아달랴와 혼인하고 아달랴는 유다의 왕위를 찬탈하였다(대하 22:10-12). 여호람은 여호와의 저주를 받아 창자가 빠져나오는 불치의 병으로 죽게 되자 아하시야가 왕으로 등극한다. 여호람의 뒤를 이어 유다의 왕이 된 아하시야는 그의 모친 아달랴의 사주를 받아 북 이스라엘의 요람과 유대 관계를 맺은 것이 화근이 되어 1년 밖에 통치하지 못하였다. 그는 아람왕 하사엘과 길르앗 라못에서 전투 중에 부상당하고 그를 문병 온 예후에 의해 죽임을 당하였다(왕하 9:27).

그가 죽자 그의 모친 아달랴는 유다를 6년 간 통치 하였다. 남 유다의 8대 왕으로 등극한 요아스왕은 조모 아달랴가 왕위를 찬탈하는 과정 중 그의 형제들과 함께 살해 당할 위기에 처했으나 여호세바의 도움으로 성전에서 6년간 숨어살다가 제사장 여호야다의 도움으로 왕위에 올랐다(왕하 11장).

왕위에 오르자 요아스는 아달랴에 의해 파괴된 성전을 보수하고 여호야다가 생존하는 동안 많은 일을 하였으나 그가 죽자 우상 숭배를 하다 하나님의 징계를 받아 신하에 의해 살해 당한다(대하 24:17-19).

요아스가 죽은 후 유다의 왕이 된 아마샤는 먼저 부친을 살해한 자들을 처단하고 여호람 왕 때 유다의 지배를 벗어난 에돔을 정복하였다(왕하 14:7). 그러나 이로 인해 유다는 북 이스라엘과 전쟁하게 되고 아마샤를 포로로 잡은 북 이스라엘은 예루살렘의 성과 왕궁, 성전을 약탈하였다(왕하 14:11-14). 이때에 아마샤도 그의 부친 요아스처럼 반역을 당해 죽는다(왕하 14:18-20).

남 유다 왕국은 일반적으로 웃시야로(대하 26:1-23) 알려진 10대 왕 아사랴의 약 52년의 통치 기간(B.C. 791-739) 중 가장 안정되고 번영하였다(왕하 15:1-7).

그는 초기에 스가랴 선지자의 도움을 받

◑ 요아스

아 정직하게 행하여 블레셋을 정복하고 암몬으로부터 조공을 받는 등 국력이 강성하여졌지만, 스가랴 선지자가 죽자 교만하여

져서 자신이 제사장 직무까지 하려하였고 이에 하나님의 징계로 문둥병에 걸려 별궁에 격리된 채 그의 아들 요담이 왕국을 치리하였다(대하 26:16-23). 요담은 선왕으로서 암몬과 전투하여 3년 간 조공을 받았으며(대하 27:5,6) 예루살렘 성전 문을 세우고 오벨성을 증축하였다.

그러나 그 역시 산당을 제거하지 않은 과오를 범했다. 요담에 이어 왕위에 올라 16년간 통치한 아하스는 다윗 왕가의 가장 악한 왕으로 평가받았다(대하 28:1-4). 그는 인신 제사를 특징으로 하는 몰록을 숭배하여 하나님의 징계를 받아 아람과 북이스라엘의 침공을 받게 되자 앗수르에게 원군을 청하고 그들에 대한 감사의 표시로 다메섹의 우상의 제단을 모방하여 예루살렘 성전에 제단을 만들게 하였다.

유다의 13대왕 히스기야(B.C. 715-687)는 남북 왕조를 통털어 가장 탁월한 왕이었다(왕하 18:1-20). 특히 그는 종교 개혁에 심혈을 기울였는데 산당들을 제거하고 우상을 파괴하고 성전을 정결케 하였으며 후대에 우상 숭배가 되었던 모세가 광야에서 만든 놋뱀을 부수고 유월절을 성대하게 준수하였다(대하 29:3-19). 그는 강국 앗수르를 의지하기 보다 하나님을 의지하여 국력을 번성케 하였다.

그는 앗수르의 산헤립의 즉각적인 항복을 권유하는 편지에도 불구하고 하나님을 의지하며 기도하고 수로를 만들어 그들의 침략을 대비하였는데 당시 이사야 선지자는 앗수르의 멸망을 예언하였다. 한편, 히스기야는 병들어 죽게되자 하나님께 기도하여 생명이 15년이나 연장되는 복을 약속받았다(왕하 20:1-11). 그러나 그는 교만하여져서 바벨론 왕 부로닥발라단이 그에게 병 문안을 왔을 때 왕궁의 보물과 군병기를 보여줌으로서 과오를 범하였으며 이사야 선지자는 그를 찾아와 책망하고 장차의 재난을 예고하였다.

5. 히스기야 시대의 예루살렘과 수로

19세기 말 히스기야의 지하 수로의 끝자락 실로암에서 못 터널 입구에서 발견된 비문은 이 수로의 구조와 규모를 구체적으로 알려준다. 지하 수로의 총 길이는 570 m익고 S자형 모양을 하고 있다. 수로를 파기 위해 인부들이 기혼 샘에서 암반층을 파들어 가기 시작하고 다른 쪽에서 실로암 못에서부터 파들어가기 시작하였다. 그리하여 한 지점에서 만나 터널이 뚫리게 된 것이다.

수로의 건설 목적은 앗수르의 침략으로부터 예루살렘을 방어하기 위함이었다. 당시 예루살렘의 급수원은 예루살렘 성 밖

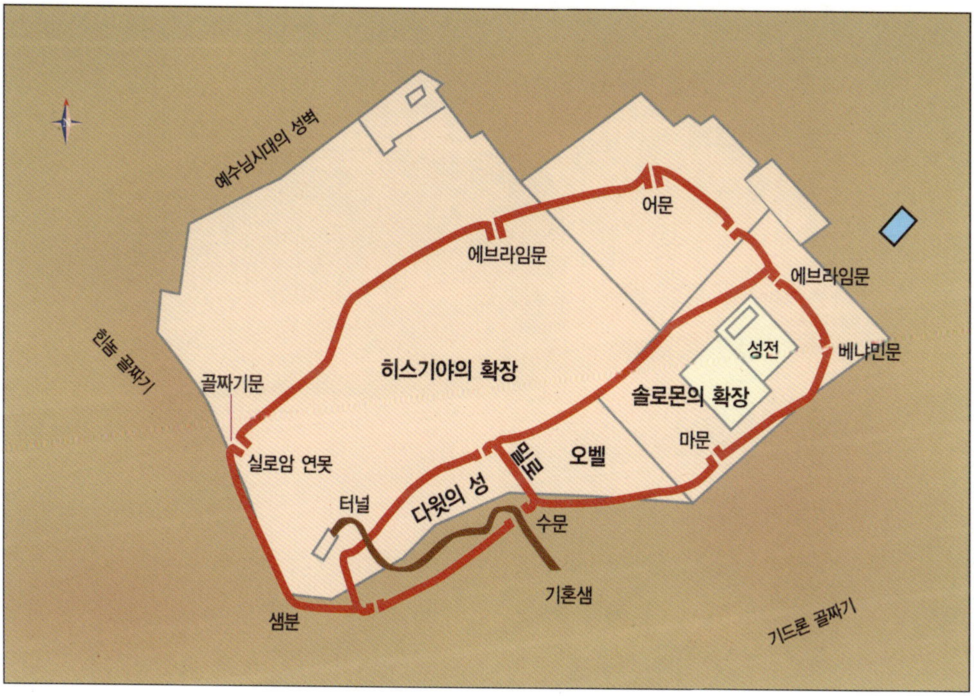

◑ 히스기야 시대의 예루살렘과 수로

에 있는 기혼 샘이었다. 그러므로 적이 침입하여 예루살렘 성을 포위하고 기혼 샘의 물줄기를 막아 버리면 생활 용수가 부족하여 위기에 처하게 될 것을 예상하였다. 그리하여 히스기야 왕은 성 밑의 암반 층을 뚫어 지하 수로를 건설하고 기혼 샘이 물을 성안의 저수 시절인 실로암 못으로 유입시키고 성밖에 흐르는 모든 물의 근원과 시내를 차단하였던 것이다(대하 32:4).

히스기야의 뒤를 이어 유다의 왕이 된 므낫세는 그의 부친 히스기야와 달리 유다 왕국을 파멸로 이끈 사악한 왕이다.

므낫세는 55년 간 유다를 통치하며 히스기야가 파괴한 산당을 다시 재건하여 우상을 숭배하게 하고 아합의 행위를 본 받아 바알과 아세라 신을 숭배하고 천체를 숭배하게 하고 자식을 불에 태우는 몰록을 숭배하며 사술과 박수를 신임하여 여호와 보시기에 악을 많이 행하였다. 앗시리아는 므낫세를 잡아 바벨론으로 끌고 갔는데 그때의 사건으로 므낫세는 겸손해져 회개하게 되었으며(대하 33:11-13) 또한 우상신과 이방신을 버렸으나 그의 아들 아몬은 다시 죄를 범하여 2년후 모반으로 죽게 되었다.

히스기야 사후 암울했던 유다는 제 16대 요시야 왕이 등극하여 다시 빛을 보게 된다. 그는 므낫세에 의해 파괴된 성전을 수리하던 중 율법책을 발견하여 대대적인 개혁운동을 하게 된다(왕하 23:1-25). 그는 당시 여선지자인 훌다에게 사람을 보내어 하나님의 뜻을 물어보게 되는데 그녀는 유다 왕국의 우상 숭배로 멸망당할 것과 하나님 앞에서 겸비하게 행하는 요시야 왕은 재앙으로부터 은총을 얻을 것이라는 내용을 말하였다(왕하 22:16-22).

요시야 왕은 애굽왕 바로느고와 전쟁 중 국가의 멸망을 목격하지 않고 므깃도에서 전사하였다. 요시야 이후 여호아하스는 애굽왕 바로느고에 의해 3개월 이후 폐위되었으며 요시야의 맏아들 엘리아김이 18대 왕이 되었다. 바로느고는 그를 여호야김으로 개명시켰다. 그는 애굽에 바칠 세금을 과다하게 거두어 일부를 자신을 위해 궁전을 화려하게 만들었다(렘 22:13,14). 여호야김의 아들 여호야긴은 3개월을 통치하였는데 성서는 그를 여고냐라고도 불렀다. 그는 예레미야의 예언서를 불태우고(렘 36:23,32) 바벨론으로 유배되어서 포로 생활 37년 만에 풀려났다(왕하 25:27).

바벨론 2차 침공으로 포로가 되어 끌려간 여호야긴을 대신하여 요시야의 넷째 아들 맛다니야가 왕이 되었는데 그는 유다의 마지막 왕으로서 느부갓네살 왕은 그의 이름을 '시드기야'로 개명시켰다. 그는 예레미야의 충고를 무시하여 바벨론을 배반하고 친애굽 정책을 취하다가 유다 왕국 멸망의 주역이 되었다.

◑ 히스기야 터널에서 발견된 비문

시드기야의 반역으로 느부갓네살은 3차 예루살렘을 침입하고 예루살렘은 1년 6개월간 방어하다가, B.C. 586년 4월 9일에 예루살렘 성을 완전히 멸망시켰으며, 시드기야는 눈이 뽑힌 채 바벨론으로 끌려가는 비극적인 최후를 맞는다(왕하 25:1-7). 한편, 유다 땅에는 빈천한 백성만 남게되고 느부갓네살 왕은 그달리야를 총독으로 임명하여 유다를 다스렸다. 하지만 유다 백성들은 그를 죽이고 보복이 두려워 애굽으로 피신하였고 예레미야 선지자는 재앙을 자초하는 일이라고 강력히 경고하였다(렘 42:7-22).

앗수르 제국

앗수르제국
아라비아
지중해
애굽
수산
우르
바벨론
니느웨
갈그미스
다메섹
앗소
다소
시돈
두로
사마리아
예루살렘
구브로
알렉산드리아
멤피스
사데
200MI
200Km
0

VII 포로시대

1. 앗수르 제국
(B.C. 1350-612)

성서에서 앗시리아는 노아의 아들 중 셈의 후손 앗수르(Asshur)에서 시작된다(창 10:22). 그들은 이후 셈족과 후리족(Hurrian)이 혼혈하여 강성해지자 니느웨(Nineveh)와 니므롯(Nimrod) 등 대도시를 건설하고 고대 오리엔트 최초의 세계 제국을 형성하였다.

◑ 앗수르 산헤립이 유다를 공격한 사건을 담은 원통형 비문

지리적으로 앗시리아의 영토는 이라크 북부 북위 37도 부근에서부터 남쪽으로 티그리스 강과 소자브 강의 합류점 부근에 이르며 서쪽으로는 광활한 평야로 연결되는 티그리스 강 중, 상류와 그 시류의 유역을 중심으로 '비옥한 초승달 지역'을 형성하여 농경에 적합한 지역이었다.

제 1기(선사시대-B.C. 3000년 대)

앗시리아는 북부인 샤니다르에서 네안다르탈인의 두개골이 발견되어 구석기 시대 이래로 인류가 거주한 것으로 입증되었다. B.C. 6천년경 신석기 시대에 앗수르인들은 농경생활을 하며 바벨론 지방보다 일찍 촌락이 형성되었고 B.C. 5천년경에는 하스나, 하라파, 사마라 지역에 문화권이 형성되었으며 B.C. 3천년 경 중엽에는 앗수르인의 도시 국가가 성립되고 문화적으로 수메르 문명의 영향을 받았다.

누스(Nuzu)에서 발견된 제 3왕조 시대의 수메르에 관한 당시 아카드어의 문헌에 의하면 당시 앗수르는 우르제국의 제 3왕조에 지배를 받고 있었으며 통치자가 앗수르에 거주하였다고 한다. 한편, 앗수르는 상업의 중심지로서 소아시아에 속한 아나톨리아(Anatolia)

와 쿠리디스탄(Kurdistan)을 잇는 무역의 중심로에 위치하여 그들은 이란 고원 지방에서 수입한 주석이나 직물을 서방으로 가져다가 팔고 동을 수입하였다.

제 2기(B.C. 2000년 대)

앗수르가 큰 세력으로 역사무대에 등장하게 된 것은 B.C. 19세기 말에 나타난 샤마시 아다드 1세(B.C. 1813-1781) 때 이다. 그는 처음으로 앗시리아를 정치적으로 통일하고 북방의 강국을 건설하였다. 또한 그는 마리를 정복하여 북 메소포타미아의 대부분 지역을 지배했으나 그의 아들들은 바벨론의 함무라비 왕에 의해 정복되고 후리인의 침입을 받고 힘이 약해지면서 B.C. 15세기에는 미타니 왕국의 속국이 되었다.

◑ 앗수르의 유적

하지만, 오랜 침체기 이후 앗수르는 B.C. 14세기 중엽 앗수르 제국의 건설자로서 위대한 아수르우발리트 1세(B.C. 1365-1330) 가 등장하면서 히타이트와 동맹으로 미탄니를 공격하여 북부 메소포타미아 지역을 회복한 후 이집트와 대등한 관계에서 교섭하고 바벨론의 정치에도 개입하였다. 또한 그의 사후에도 6명의 우수한 왕위 계승자들이 나타나 158년 간 이집트와 바벨론, 히타이트와 함께 강국을 이루었다.

제 3기(B.C. 1000-633)

아수르단 2세(B.C. 934-912)때 앗시리아는 아람인과 산악 민족을 통치하고 다음 왕인 아다드 니라리 2세(B.C. 911-891)는 정복사업과 농업 개혁을 하였다. 그의 손자이자 대정복왕인 아수르나시루팔 2세(B.C. 883-859)는 보병과 전차대, 기병을 도입하여 전술과 군사 기술을 개혁하여 북방과 동방으로 정복지를 확대히고 북방 무역로를 확보하여 시리아와 페니키아 지역을 정복하였다.

한편, 군사 쿠데타로 왕위에 오른 티글라트 피레세르 3세(B.C. 744-727)는 각 속국과 정복국가에서 모집한 상비군을 군대의 주력군으로 재편성하고 군비 개선과 대도시의 면세특권을 폐지하고 내정 개혁을 단행하여 대원정을 하였다. 북방에는 우랄투를 격파하고 서방에는 다메섹, 시리아, 길리기아, 페니키아, 유다 등을 공략하여 그 세력이 이집트까지 확대되고 남쪽으로는 바벨론 왕을 겸하여 세계 제국 시대를 열었다.

다음 왕인 살만에셀 5세(B.C. 726-722)는 사마리아를 정복하고 이스라엘을 강제 이주시켰다. 그는 암살 당했으며 다음 왕 사르곤 2세(B.C. 721-705)부터 센나케르므(B.C. 704-681), 에사르하돈(B.C. 680-669), 아수르바니팔(B.C. 668-627)까지의 4대를 사르곤 왕조라고 하며 90년 간 세계 제국을 유지하였다. 특히 에사르하돈 시대 때는 그 영토가 이란 서부에서 이집트 본토 전체까지 확장되었다.

◑ 앗수르 싸우는 군대

하지만, B.C. 626년 앗수르 바니팔 왕이 죽자 앗수르는 급격히 쇠퇴하고 오리엔트 지역에는 급격한 변화가 일어났다. 바벨론에 나보볼랏사르(Nabopolassar)가 즉위하고 앗수르에게 반란을 일으키고 그는 메대와 동맹하여 B.C. 612년에 니느웨를 함락시켰다.그러므로 앗수르 제국은 사라지고 바벨론 제국이 주도권을 잡기 시작하였다.

2. 성서 속에 나타난 앗수르 왕들

살만에셀 3세(Shalmaneser Ⅲ, B.C. 860-825)

살만에셀 3세는 아수르 나실 아브리의 아들로 북왕국 이스라엘의 아합과 예후의 동시대 인물이다. 그의 치세 제 1년에는 유브라데 강을 건너 지중해 해안까지 헷 삶의 나라를 정복하였다. 한편 서쪽에서는 그에게 반기를 든 다메섹, 하맛, 해안의 12 왕들이 수리아 동맹을 형성하였다.

B.C. 854년 갈골에서 이스라엘 아합 군대는 다메섹 사람들과 동맹하여 그와 전쟁하여 패전하였으며 B.C. 842년 그의 제위 18년 째에는 헬몬산과 다메섹에서 하사엘을 격파하고 두로와 시돈의 왕과 전쟁하였으며 예후는 당황하여 그에게 조공을 바치고 즉시 항복하였다. 살만에셀의 비문에는 그가 무릎을 꿇고 엎드린 모습이 새겨져 있다.

아다드 니라리 3세 (Adad Nirari Ⅲ, B.C. 810-782)

그가 왕위에 오르기전 미성년으로 있을 때 앗시리아 역사상 보기 힘든 4년간 모친의 섭정이 있었으며 그녀는 아프리카와 인도 원정에 나서기도 하였다. 마침내 그가 통치권을 장악했을 때 그는 시리아와 팔레스타인을 정복하여 그 결과로 두로와 시돈, 이스라엘(오므리의 땅), 에돔, 블레셋, 다메섹 등을 항복시켜 많은 세금을 거두었다.

당시 이스라엘의 요아스 왕(B.C. 798-782)은 그에게 조공을 바쳤으며 여로보암 2세는 그의 치세가 약해지자 강력한 방위 정책과 경제 부흥을 이루어 국력을 회복시키고자 하였다(왕하 14:23-26). 한편, 요나 선지자가 니느웨에서 하나님의 경고를 전달한 때가 그의 치세 때로 보고 있다.

디글랏빌레셀 3세
(Tiglath Pileser Ⅲ, B.C. 745-727)

군사 군데타로 왕위에 오른 디글랏빌레셀 3세(B.C. 745-727)는 각 속주와 정복국가에서 모집한 상비군을 군대의 주력군으로 재편성하고 군비 개선과 대도시의 면세

◑ 디글랏빌레셀 3세

특권을 폐지하고 내정 개혁을 단행하여 대원정을 하였다.

북방에는 우랄투를 격파하고 서방에는 다메섹, 시리아, 길리기아, 페니키아, 유다 등을 공략하여 그 세력이 이집트까지 확대되고 남쪽으로는 바벨론을 통합하여 왕을 겸하고 풀루(Pulu)란 명칭을 사용하기도 한 세계 제국 시대를 연 왕이다.

북왕국 이스라엘의 므나헴은 그에게 조공을 바쳤으며(왕하 15:19,20), 이스라엘의 백성들을 분산시키는 정책을 하였다(대상 5:26). 한편, 그는 B.C. 732년에 다메섹을 점령하여 시리아 왕 르신을 죽이고(왕하 16:7-9) 페가를 폐위시키고 호세아를 이스라엘의 왕으로 등극시켰는데 이는 이사야서의 예언의 성취이다(사 7:16; 8:4).

살만에셀 5세
(Shalmaneser Ⅴ, B.C. 726-722)

그는 이스라엘의 호세아 왕이 이집트의 도움을 받아 앗수르에 조공을 바치기를 거절하자 사마리아를 공격하였다. 살만에셀 5세(B.C. 726-722)는 사마리아를 정복하고 이스라엘을 강제 이주시켰다(왕하 17:4).

앗수르의 연대기에는 이스라엘 백성 중 상류 계급에 해당하는 시민 중 27,290명이 유프라테스 강 건너편에 있는 성읍들로 추

방당하였으며 여러 지역에서 온 사람들이 사마리아에 새로 정착하였다고 한다. 그러므로 유대인들은 사마리아인들의 피와 종교가 혼합되었다고 하여 그들을 멸시하였다.

사르곤 2세
(Ssrgon Ⅱ, B.C722-705)

사르곤 왕조는 약 90년 간 역사적으로 보기 드물게 유능한 왕들이 등극하여 앗시리아는 다시 근동지역의 강대국이 되었다. 사르곤 2세는 디글랏 빌레셀 3세의 군사적 전통을 계승하였다.

B.C. 717년 최후의 히타이트 제국에 속한 갈그미스와 소아시아의 길리기아를 정복하였다. 그는 사마리아에 바벨론, 하맛에서 온 다양한 민족을 강제 이주시켜 정착시킴으로서(왕하 17:24) 이스라엘 왕국의 종말을 고하게 하였다. 한편, 그는 건축가로서 잘 알려진 왕이었는데, 멀리 바벨론의 기스에 원정하여 훌륭한 왕궁을 짓고 앗시리아의 니느웨에서도 앗수르의 전통적인 왕궁을 짓기도 하였다.

산헤립(Sennacherib, B.C. 704-681)

산헤립은 군사적인 재능을 가졌으나 오만한 자아로 인하여 도처에 그에 대한 증오심을 일으키고 심지어 자기 자식에게조차 소외 당하여 몰락하였다. B.C. 701년 그는 베니게와 블레셋 동맹군과 전투하기 위해 서쪽으로 진군하였다. 동맹군은 패전하고 이집트에서 온 원군도 엘테케(Eltekeh)에서 패전하여 예루살렘을 제외한 전국이 정복당하였다.

◑ 산헤립

성서는 갑자기 앗수르 군대가 천사에 의해 붕괴되고 예루살렘 성이 구조된 사실을 열왕기서와 이사야서에서 언급하고 있다(왕하 18-19장; 사 36,37장). 그의 최후는 바벨론의 연대기에 '테벳(Tebet)월 20일 앗수르 왕이었던 산헤립은 한 음모 중에 그의 아들에게 살해당하였다'고 기록되어 있다(사 37:38, 참조).

에살핫돈(Esarhaddon, B.C. 681-669)

에살핫돈은 산헤립에 이어 앗수르의 왕으로 등극하여(사 37:38) B.C. 675년 이십

트를 정복하였다.

바벨론 연대기는 "제 7년 아달월 5일에 앗수르 군대가 이집트로 진군했다"고 기록되었다. 한편, 그는 므낫세를 포로로 잡아 바벨론으로 데리고 간 왕이기도 하다(대하 33:11-13).

아수르바니팔(Ashurbanipal, B.C. 669-627)

성서에서 아스납팔(스 4:10)로 알려진 앗수르의 최후의 왕 아수르바니팔은 군대의 지휘관이자 정치가, 사냥꾼, 미술, 수집가 등 다양한 재능을 갖춘 인물이었다.

1854년 라삼(Rassam)이 니느웨에 있던 그의 왕궁 폐허지에서 발견한 도서관에는 2만여개의 서판이 보관되어 있는데 주로 앗수르와 바벨론의 문학 작품이었다. 그런데 흥미로운 사실은 이들 문서 가운데 창세기의 창조와 홍수 이야기와 유사한 서판이 발견되기도 하였다 한편, B.C. 663년에 테베를 정복하였는데 테베의 '수백 성문들'이 멸망된 사실이 성서에 기록되어 있다(나 3:8). 그는 당시 많은 전리품과 2개의 큰 방첨탑을 니느웨로 가져왔는데 그 전리품이 1955년에 발굴되었다.

3. 바벨론 제국

구약 성서 창세기에는 니므롯(Nimrod)(창 10:8-12)이 우륵(Uruk)을 건설하기 이전에 바벨론을 건설하였다고 한다. 현재 이라크의 수도 바그다드의 남쪽 약 90km 떨어진 유프라테스 강변에 위치한 바벨론은 고대의 가장 유명한 도시 중의 하나로서 B.C. 2000-1000년 초기까지 남부 메소포타미아(바빌로니아)의 수도였으며 이후 B.C. 7-6세기의 전성기 때는 신바빌로니아(갈데아) 제국의 수도였다.

바벨론의 초기 역사는 바벨론은 '우르

◑ 바벨론 제국

제 3 왕조' (B.C. 2150-2050)가 멸망한 뒤 아모리 왕조의 수무아 붐 왕이 B.C. 1894년에 세운 소 왕국이 토대가 되었다. 한편, 고대 바벨론의 제 6대 왕인 유명한 함무라비(B.C. 1792-1750) 대왕은 주변의 도시 국가들을 정복하고 남부 메소포타미아 전

지역과 앗수르 일부(이라크 북부 지역)를 통합하여 새로운 왕국을 건설하고 바벨론을 수도로 삼았다.

바벨론의 주신 마루둑은 메소포타미아의 최고의 신이었으며 이 신상을 빼앗긴다는 것은 도시의 소유권을 빼앗기는 것과 같았다. 중기 바벨론 시대에 느브갓네살 1세(Nebuchadnezzar I, B.C.1124-1103)는 앗수르에 빼앗겼던 그 신상을 되찾아옴으로서 바벨론이 앗수르로부터 독립되었음을 알리기도 하였으나 이후 바벨론은 계속해서 앗수르의 통치를 받게 되었다.

B.C. 626년 갈데아 출신 나보폴라사르(Nabopolasar)는 B.C. 609년에 앗수르 군대를 패배시키고 그의 아들 느브갓네살 2세에 의해 바벨론은 강력한 제국이 되었다. 그는 갈그미스 전투에서 애굽의 바로 느고에게 대승을 거두어(렘 46:2) 수리아와 팔레스타인 지역의 패권을 얻게 되는 계기를 삼았다. 성서에 언급된 신 바벨론 제국은 유다를 멸망시킨 장본인이자 구약 성서의 예언서에 언급된 예레미야와 에스겔, 그리고 이사야 선지자들의 예언의 주된 활동 무대가 되었다.

신 바빌로니아가 유다 왕국을 정복한 후 유대인을 강제로 바빌로니아로 억류한 사건 즉 '바벨론 유수'(B.C. 587-538) 기간 동안 이스라엘 백성은 큰 종교적인 변화를 가져왔는데, 에스라와 느헤미야 등에 의해 제 2 성전이 건축되고 유대교가 성립되었

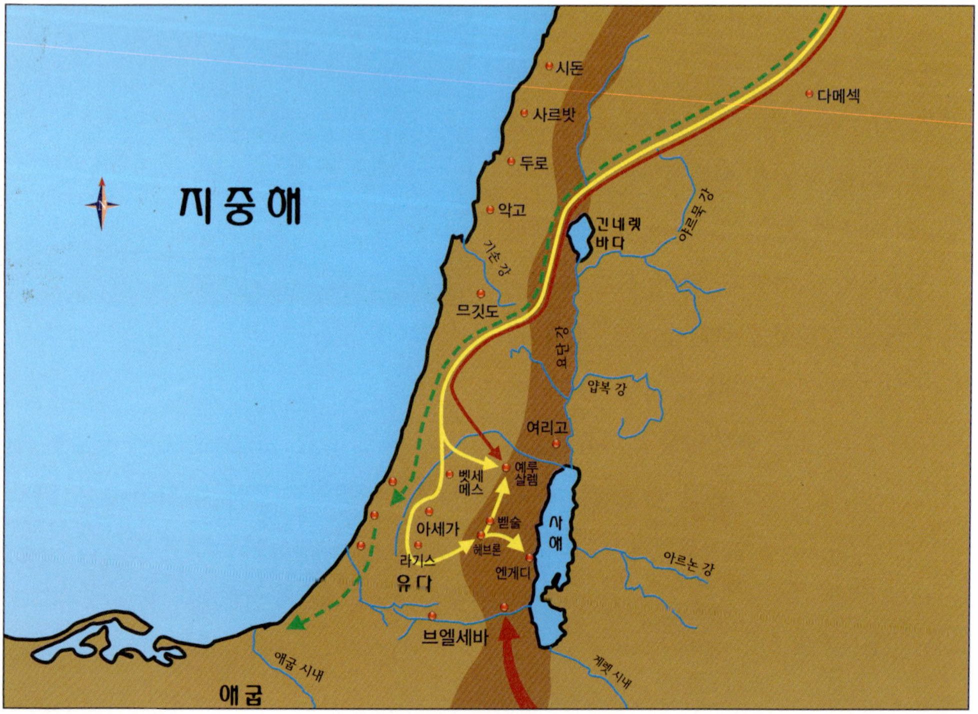

◑ 바벨론의 이스라엘 침략

으며 다니엘의 활동 또한 바벨론 포로기에 일어난 일이다. 한편, 구약의 많은 책들이 바벨론에서 기록되었는데 오경의 일부와 학개서, 스가랴서, 이사야서(40-50장) 등이 바로 그것이다. 또한 신약의 마지막 책인 요한 계시록에서 바벨론을 다음과 같이 묘사하였는데, "큰 바벨론이라, 땅의 음녀들과 가증한 것들의 어미"(계 17:5)라고 하여 바벨론이 도적적으로 악하고 오만한 모습의 대명사로 언급하고 있다.

4. 성서속에 나타난 바벨론의 왕들

느부갓네살 2세 (Nebuchadnezzar Ⅱ, B.C. 605-562)

느부갓네살 2세는 B.C. 626년 신바벨론 제국을 일으킨 나보폴라사르(Nabopolassar) 의 아들이다. 그는 부친의 서진 정책을 두아 갈그미스에서 애굽의 바로느고에게 대승하여(렘 46:2) 수리아로 팔레스타인의 패권을 얻게 되었다. 그의 치세는 크게 전쟁과 건축으로 나눈다. 남왕국 유다는 바벨론에게 지배를 받아 3년간 공물을 바쳤으나 배반하였다(왕하 24:1). 느부갓네살은 반역한 여호야김을 사로잡고 여호야긴을 새로 왕으로 세웠다. 그러나 3개월 후 여호야긴은 바벨론에 포로로 잡혀가고(B.C. 598) 다시 시드기야가 왕이 되었다(대하 36:5- 10).

◑ 느부갓네살 2세에 관한 이야기가 있다.

하나님의 계속적인 경고에도 불구하고 그의 통치 9년째 그는 애굽의 도움을 얻어 바벨론에게 반기를 들자(렘 37:5) B.C. 586년 바벨론의 공격으로 예루살렘은 함락되고 성전은 불타고 도성은 약탈당했으며 백성들은 포로가 되었다(왕하 24,25장; 대하 36:5-21). 황폐한 예루실렘을 예언한 예레미야의 예언이 성취된 순간이었다(렘 25:11). 한편, 그는 정복한 노예들을 동원시켜 대건축 사업을 하였다. 바벨론의 대 성벽과 궁전의 신축, 멜로닥 신전의 수축과 그의 부인인 메데 출신 아미타스를 달레기 위한 바벨론 평원에 만들어진 '공중 공원' (Hanhing Garden)은 세계 7대 불가사이 가운데 하나이다.

또한 그는 바벨론의 두라 평지에 25m 높이의 거대한 금 신상을 세우기도 하였다(단 3:1~7). 바벨론에 포로로 잡혀 온 다니엘은 느부갓네살이 꾼 꿈을 해석하여(단 2:25-44) 잡혀온 친구들과 함께 바벨론의 방백이 되었다. 한편, 느부갓네살은 바벨론을 43년간 통치했으나 말년에 정신병으로 궁전에서 추방당하였다.

그러나 다시 총명이 돌아와(단 4:34) 잠시 환궁하였으나 B.C. 562년에 생을 마감한다.

에윌므로닥 왕

그는 느부갓네살 왕의 아들(왕하 25:27-30)로서 2년간 바벨론 제국을 치리하다 그의 부친의 사위인 네리글리사르(Neriglissar)에게 죽임을 당하였다. 한편, 그는 유다 왕 여호야긴을 석방시켰다.

바벨론의 멸망

바벨론은 느부갓네살 왕 이후 B.C. 539년 바사(페르시아)의 키루스가 공격하자 아무런 저항없이 함락되었다. 바사의 지배를 받은 바벨론은 페르시아 제국의 가장 부유한 샤트라프 총독의 관할구의 수도가 되었으며 역사가 헤로도투스는 이때 바벨론이 세계에서 가장 번창한 도시였다고 기록하였다.

B.C. 331년 마케도니아의 영웅 알렉산더 황제는 바벨론을 정복하고 대제국의 수도로 정하고자 하였으나 뜻을 이루지 못하고 B.C. 323년 느부갓네살 궁전에서 죽게 되었다. 하지만 그의 정복으로 헬레니즘의 과학은 바벨론의 천문학에 힘입어 비약적인 발전을 하게 되었다.

5. 유다인들의 바벨론 유수지역(왕하 17:6)

바벨론 제국은 페르시아만에서 지중해에 이르는 광범위한 지역이자 앗수르 제국과 일치하는 지역이다.

한편, 바벨론에 포로로 잡혀간 이스라엘 백성들은 유브라데스 강 상, 하류 지역에 폭넓게 흩어져 거주하게 되었다.

고산(Guzana) 지역

고산은 아람과 앗수르, 그리고 새 바벨론 시대에 중요한 도시였다. 지리학자 톨레마이우스(Ptolemaeus)는 이곳을 유브라데 강 중류 부근에서 북동쪽으로 유입되는 가부르 강(성서지명, 하볼) 상류에 있는 메소포타미아의 한 지방의 명칭으로 언급하였다. 선지자 에스겔은 그발 강가에 있었다고 하였는데(겔 1:3) 이 강은 하볼과 동일한 것으로 알려져 있다.

B.C. 734-732에 디글랏 빌레셀 3세는 요단 강 동쪽에 거주하는 이스라엘 백성을 이곳으로 강제 이주시키고(대상 5:26) B.C. 722년 사마리아인들은 실만 5세와 사르곤 통치 시대에 이곳으로 포로로 잡혀왔다.

사르곤 2세의 비문에 의하면 이곳에 온 사마리아인들이 무려 27,290명이나 되었다고 한다.

할라(Halah) 지역

디들랏 빌레셀 통치 때까지 앗수르의 수도였던 할라는 하란 부근의 산악 지역으로 창세기에는 고대 앗수르의 성읍 '갈라'로 보고 있다(창 10:11).

메데 고을

메데 고을은 자크로스 산맥 동부 카스피해 남쪽의 산악 지대로서 B.C. 810년 앗수르가 이곳을 정복하여 사르곤 왕 때 포로들과 이방인을 강제 이주시킨 곳이다.

6. 바사(페르시아) 제국 (B.C 538-332)

지리적으로 바사는 북쪽으로 카스피해와 남쪽으로는 페르시아 만과 오만 만, 동남은 인더스 분지와 서남은 메소포타미아 지역 그리고 동쪽으로 인더스 강에서부터 서쪽으로는 아르메니아에서 페르시아 만에 이르는 길이 약 2천km, 폭 200km의 쿠르디스탄 산맥과 자그로스 산맥을 경계

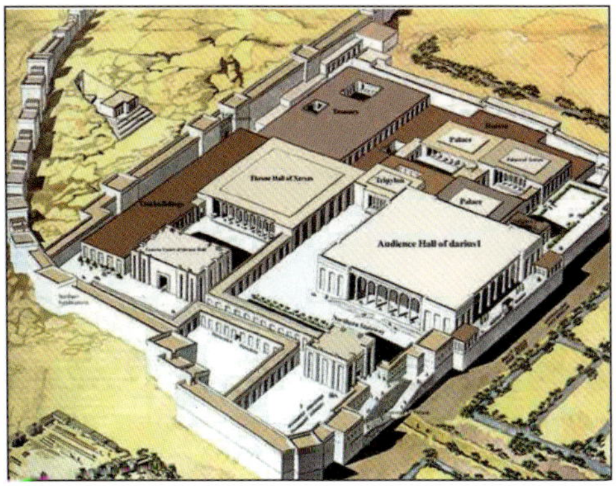

◑ 고대 바사 궁궐

로 하여 티그리스 강과 유브라데 강이 흐르는 현재 이란의 고원 지대에 위치하고 있었다.

본래 이 지역에는 가스피인(Caspians)들이 거주하고 있었는데 B.C. 1500년경 아리아인들이 침입하여 그 땅을 정복하였다. 그러므로 현재 '이란'은 '아리아인의 땅'이란 뜻이다.

고대 바사의 역사는 크게 메대 시대와 아케메니아 왕조(B.C. 6세기 중반-330)로 나눌수 있다. 메대인들은 바사인들보다 먼저 세계사에 등장하여 신 바벨론과 협력하여 앗수르를 멸망시켰으나 6세기 중엽 앗수르가 멸망하고 바벨론과 메대가 대립하자 고레스 2세(아케메네스 왕조)는 바사의 왕이되어 그의 외가인 메대와 바벨론을 정복하였다(B.C. 539).

성서는 '메대와 바사'(에 1:19; 단 6:8)라는 이름이 자주 등장하는데 이는 바사가 메대와 바사의 연합 왕국이기 때문이다.

한편, 다니엘서 5:31절에 '메대인 다리

오'란 명칭이 등장하는데 고레스 왕이 다리오 다음으로 바사의 왕이 되어 아케메네스 왕조를 통치하는 것을 의미한다. B.C. 334년 5월 아케메네스 왕조의 마지막 왕인 다리우스 3세는 알렉산더의 침입을 받아 이수스(B.C. 333) 전투에서 패하여 피난하던 중 살해되었다.

7. 성서속에 나타난 바사의 왕들

메대와 바사 연합군에 의해 바벨론 제국이 멸망하고 '메대 사람 다리오'(B.C. 538)가 즉위하였다. 그는 고레스가 바벨론 정복 시 초대 왕이었으며 다니엘서 6장에 언급된 왕이다. 역사적으로 바사 제국에는 다리오(Dar ius) 라는 왕이 세 명 있었다. 그러므로 통치 연대기를 참조할 필요가 있다.

다리오 1세 히드타스페스 (B.C. 521-486)

일명 다리오 대왕(Darius the Great King)으로 알려진 다리오 1세는 인도 북서부와 소아시아를 정복하였다. 하지만, 그리스 본토를 침략하던 중 마라톤 전쟁에서 패전하였다. 성서에 언급된 고레스 왕의 칙령으로 성전 건축을 승인하였으며 그가 치세하던 중 성전이 완공되었다(스 6:1-15).

다리오 2세, 오쿠스(B.C. 423-404)

다리오 3세, 코도마누스 (B.C. 336-330)

고레스(Cyrus) 왕(B.C. 546-529)

바사의 초대 왕으로 여호와께서 그의 원년에 예레미야의 예언을 성취하기 위해 그의 마음을 감동시켜 조서를 내려 예루살렘 성전을 건축하게 하였다. 또한 그는 느부갓네살 당시 포로된 자를 예루살렘으로 귀환시켰다(대하 36:22,23; 스 1:1-11). 하나님은 이사야 선지자를 통해 "고레스는 나의 목자이며 나의 기쁨을 성취하리라"고 말하였으며, 그를 통해 열국이 항복당하며 험한 곳이 평탄케 되리라고 하였다(사 44:28; 45:1-5).

아하수에로(B.C. 529-521)

세계사에서는 그를 '캄비세스'(Kambyses)로 소개하고 있으며 그는 B.C. 525년 이집트와 그리스의 섬인 사이프러스, 사모스 등을 정복하였다. 이스라엘 백성이 포로기 중 유다 땅으로 1차 귀환 시 바사를 통치한 왕이다.

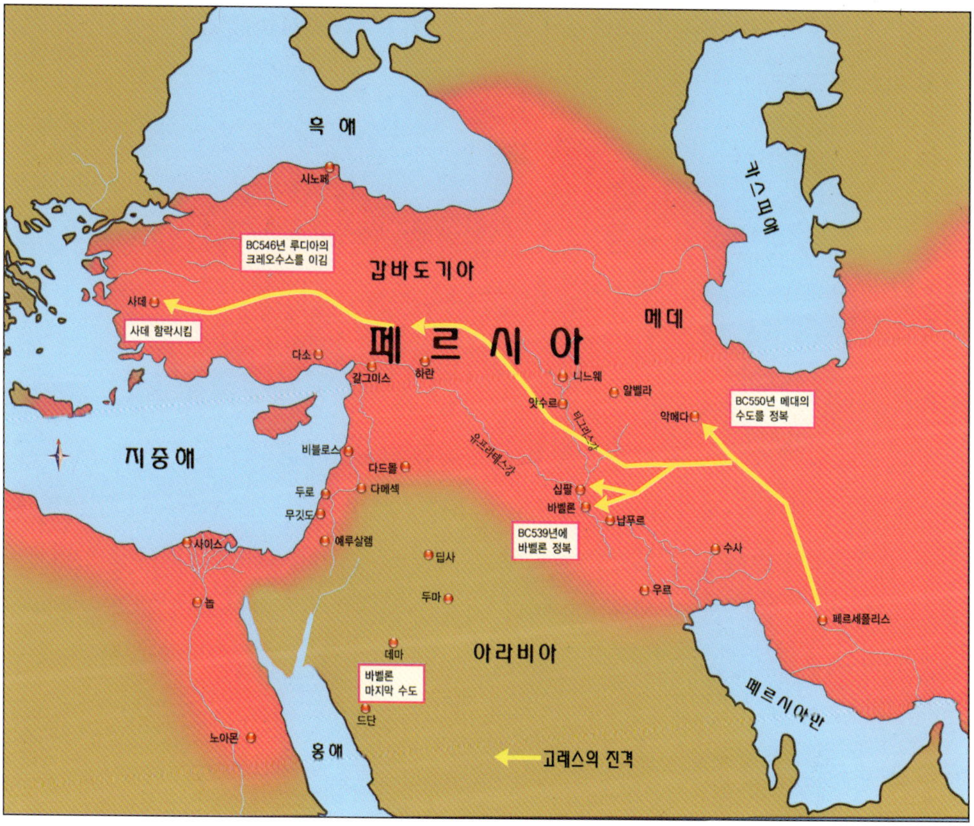

◑ 페르시아 제국

아하수에로(B.C. 485-464)

일명 '크세르크세스1세'(Xerxes 1)로 알려진 그는 그리스를 침략하려던 중 살라미스 해전에서 패하였다. 그가 바로 에스더서에 등장하는 왕이다. B.C. 479년 왕후 와스디를 대신하여 에스더를 왕비로 삼고 왕은 그녀를 위해 큰 잔치를 베풀고 각도의 세금을 면제하고 상을 내렸다. 하만의 유대인 학살 계획속에서 유대인들은 위기를 모면하고 그 날을 부림절로 지켰다(에스더서).

아닥사스다(B.C. 465-424)

아닥사스다는 아하수에로의 아들로 성전 건축을 하는 유대인들에 대하여 사마리아인들의 상소에 공사 중지를 명하고 10여년 간 공사를 중단케 하였다(스 4:17-24). 후에 다리오 왕이 조서를 내리자 그도 협력하게 된다(스 6:14). 한편, 느헤미야 선지자의 기도는 그의 마음을 감동시키고 B.C. 444년에 과거에 성전 건축을 방해하던 강 서쪽 총독에게 조서를 내려 예루살렘 성전 건축 시 재목까지도 공급하라고 하였다(느

2:1-10). 그는 느헤미야와 에스라를 귀환 시킨 왕이기도 하다.

8. 유다 민족의 귀환
(에스라, 느헤미야, 에스더, 학개, 스가랴서)

B.C. 586년 바벨론 왕 느부갓네살의 침략으로 예루살렘 성전이 파괴되고 백성들이 포로로 잡혀가게 되어 남왕국 유다는 신정 국가로서 단절을 맞게 되었으나 유배된지 70년 만에 예레미야의 예언대로 하나님은 B.C. 538년 바벨론 제국을 무너뜨린 바사 왕 고레스로 하여금 이스라엘 백성의 포로 석방을 위한 조서를 내리게 하시고 그들이 고국으로 돌아가 성전을 재건하도록 하였나(스 1:1 4).

제 1차 귀환(B.C. 537)(스 1:1-6:22)

바사왕 고레스의 이스라엘 포로들에 대한 귀환 조서를 내린 후 총독 스룹바벨과 대제사장 여호수아의 인도로 제 1차 42,360명의 바벨론 포로가 본국으로 귀환하였다(스 2:64). B.C. 536년 그들은 예루살렘에 제단을 쌓고 성전 재건을 하여 70년간 단절된 신정 국가의 역사를 재개하려 하였다. 하지만, 사마리아와 주변국의 집요한 반대로 16년간 기다려야만 하였으나 B.C. 520년 학개와 스가랴 선지자의 독려

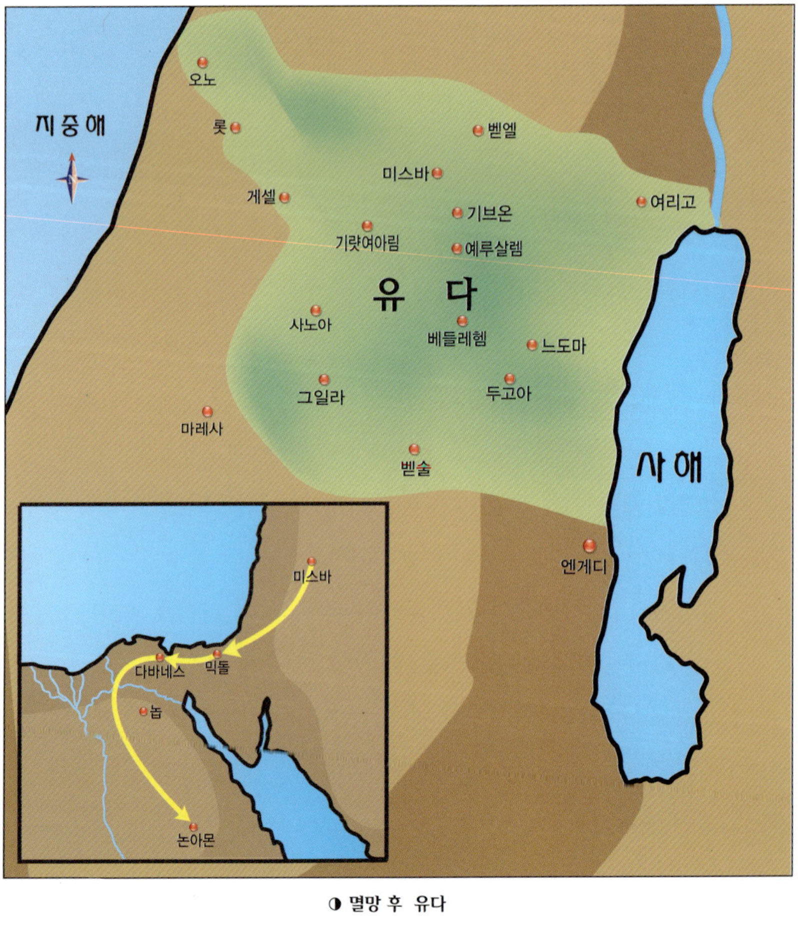

◑ 멸망 후 유다

로 B.C. 516년에 제 2 성전의 완공을 하게 되었다.

제 2차 귀환(B.C. 458)
(스 7:1-8:36)

바사왕 아닥사스다 통치시 선지자 에스라의 인도로 아하와로 강가에서 3일간 금식을 하며 귀국을 준비하였다. 제 2차 귀환한 자들은 당시 모압과 암몬 자손 등으로 약 천 사백명이 귀환하였다.

제 3차 귀환(B.C. 444)
(느 1:1-13:31)

아닥사스다의 술맡은 관원 느헤미야가 예루살렘의 회복을 위해 기도한지 4개월 만에 아닥사스다 재위 20년 B.C. 444년에 그는 유다 총독으로 귀환하였다. 한편, 느헤미야의 귀환과 함께 예루살렘 성벽이 재건되고 이스라엘 백성은 자치권을 갖게 되었다(느 4:13-22).

헬라제국

애굽
알렉산드리아
멤피스
지중해
구브로
펠루시움
홍해
예루살렘
사마리아
시돈
두로
다소
앗소
다메섹
사데
알렉산더 제국
갈그미스
아라비아
니느웨
바벨론
우르
수사
악메나
200Km
200MI

VIII 신약성서의 배경

1. 헬라 제국

마케도니아 영웅 알렉산더 대왕이 B.C. 334년 5월 아케메네스 왕조의 마지막 왕인 다리우스 3세를 이수스(B.C. 333) 전투에서 패배시키고 세계사는 헬라제국 시대의 문을 열었다.

한편, 이 기간에 성서는 구약의 마지막 책인 말라기가 기록된 B.C. 398년 이후부터 신약의 예수님이 오시기까지 신, 구약 중간사로서 헬라제국이 통치하였다.

알렉산더 대왕(Alexandros the Great B.C. 356-323)

알렉산더 대왕은 필립포스 2세(B.C. 359-336)와 올림피아스의 아들로 그의 치세 기간(B.C. 336-323) 중 그리스와 페르시아, 그리고 멀리 인도까지 대 제국을 건설한 대 정복자이다. 그는 부친인 필립포스 2세로부터 전술과 행정을 배우고 B.C. 338년에 카이로 네이아 전투에 참전하였다.

부친의 사망으로 20세의 나이로 왕위에 등극하였다. B.C. 334년에 알렉산더는 마게도니아 군과 헬라스 연맹군을 거느리고 페르시아를 정복하기 위해 소아시아로 향하였다. 그는 그라니코스 강변에서 페르시아 군과의 전투에서 승리하여 소아시아의 모든 도시들을 정복하고 시리아를 공격하였다.

B.C. 333년에 길리기아의 이수스 전투에서 다리우스 3세의 군대를 대파하여 페르시아의 티루스와 가자 지역을 정복하였다. 그의 정복 사업은 계속되어 시리아와 페니키아를 정복한 후 이집트를 정복하였으며 B.C. 330년 메소포타미아의 가우멜라에서 세번 페르시아 군과 격돌하여 대승을 거두고 참패한 다리우스 3세는 베소스에

◑ 알렉산더

◑ 톨레미 왕국

서 그의 신하에게 죽임을 당하였다.

한편, 그는 바벨론의 여러 도시들을 정복한 후에 동쪽으로 원정하여 이란 고원을 정복한 후 인더스 강에 이르렀으나 열병으로 B.C. 324년에 페르세폴리스에 돌아왔다. B.C. 323년 바벨론에 돌아와 아라비아 원정을 하던 중 33세의 나이로 죽었다.

그가 정복한 지역에는 그의 이름을 따서 지은 알렉산드리아란 도시가 무려 70여개나 있으며 이 도시들은 헬라 문명의 거점이 되고 그는 헬라 문화를 오리엔트 문명에 융합시킨 커다란 공헌을 하였다.

알렉산더가 죽자 그의 제국은 40여년 간 세력다툼이 일어났으며 B.C. 275년에 그가 정복한 영토는 마케도니아, 시리아, 이집트로 갈라졌다. 본토인 마케도니아는 안티고누스 왕조가 다스리고 이집트와 팔레스타인 지역은 톨레마이오스 왕조, 그리고 소아시아와 트라키아 북부 지역은 리시마쿠스가 다스리고 셀레우쿠스는 시리아의 동부 지역을 통치하였다.

한편, 아티오커스 3세(B.C. 219-198)는 B.C. 219년에 실루기아를 정복하고 1년 후에는 두로와 시돈 지역을 정복하며 이집트와 팔레스타인을 다스리던 톨레마이우스로부터 항복을 받았다. 하지만 그는 이집트의 톨레마이우스 3세의 군대의 재 공격으로 팔레스타인을 빼앗겼으나 그들과 다시 전투하여 승리하였으며 그의 군대를 도운 유대인들에게 종교의 자유를 허락하기도 하였다. 하지만 이들 왕국은 세력이 약해져 마케도니아와 그리스 지역은 B.C. 2세기에 로마에 편입되고 시리아와 이집트는 B.C. 1세기에 로마의 속국이 되었다.

2. 헬레니즘과 유대주의

B.C. 3세기에 유대 왕국은 톨레마이우스에게 통치를 받았다. 하지만 유대인들은 그들의 지배에도 불구하고 헬라 문명에 반대한 유일한 민족이었으며 헬레니즘에 동조하는 유대인들은 대중들로부터 배척을 당하였는데 안티오코스 4세때 최고조에 달했다.

그는 올림피아에 있는 제우스 신을 예루살렘의 신전에서 제사하였는데 이는 그리스 풍의 시리아의 바알신이었다. 그러므로 유대의 귀족인 마카베오가의 반란(B.C. 167-140)으로 헬레니즘으로부터 유대주의를 구하였다.

한편, 유대 문학은 헬레니즘의 영향을 받았는데 마카베오서 2권이 헬라어로 기록되고 유대인들 사이에서 헬라어와 헬라식 이름, 그리고 헬라식 건축을 모방하기도 하였다.

마카베오의 반란(B.C. 167-140)

마카베오가는 유다인을 통치한 지도자들로서 B.C. 2세기 초에 헬레니즘과 제국주의에 대항한 유대 민족의 영웅적 두생에서 등장되었다. 한편, 유다는 마따디아의

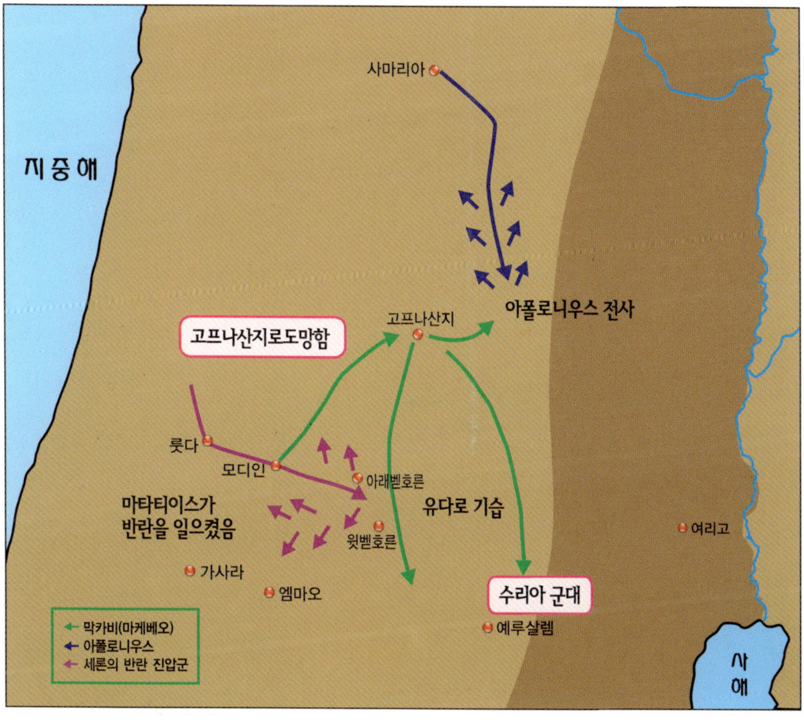

◑ 막카비 반란의 시작과 벧호론 전투

아들로 '마카베오'라 칭하였다(마카베오 상 2:4). 안디오쿠스 4세의 부하가 이교 제사를 강요하기 위해 모데인에 왔을 때 그는 이곳에 참석한 유대인과 왕의 부하를 죽이고 제단을 파괴한 후 산지로 도망하여 폭동을 일으켰다.

그 중에는 하시딤(Hasidim '경건한 유대인들')도 있었는데 그들은 종교적인 자유를 얻기 위해 군대에 가입한 자들이다. 그러므로 이를 진압하기 위해 사마리아 주둔군 사령관 아폴로니우스가 왔으나 벧 호른에서 유다스 마카비에 의해 살해당하였다(마카비 상 3:1-12).

B.C. 165년 안티오쿠스는 왕족 중 탁월한 인물 가운데 리시아를 선임하여 유대인을 소탕하고자 보병 4만명과 기병 7천명을 거느리고 엠마오 지역에 진을 쳤으나 3천명의 유대 군의 기습 공격에 의해 패전하였다.

마카베오는 계속해서 요단 동편의 보스트라와 마제르에서 유대인을 구하고 B.C. 162년에 재차 공격한 리시아의 군대를 물리치고 예루살렘으로 귀환하여 성전을 정결케 하였다.

3. 로마 제국
(로마의 시작에서 예수 그리스도 때까지)

이탈리아의 중부 티베르 강 연안의 라틴인이 건설한 로마는 이후에 이탈리아 반도를 통일하고 지중해를 중심으로 세계 최대 제국이 되었다. B.C. 550년 로마는 에트루리아족에게 지배를 받게 되었으나 이를 계기로 빠르게 성장하였다.

로마인들은 그들에게서 종교와 문화, 그리고 알파벳을 배웠다. B.C. 509년 로마는 에트루리아인을 정복하고 공화정을 시작하였다. 왕이 가졌던 권력을 행정관에게 넘기고 이후 2명이 임기 1년으로 하는 콘술(집정관)이 집권하였다. 한편, 로마인들은 일찍이 법이 발달하였는데 B.C. 5세기에는 로마 최초의 성문법인 12표법이 제정되어 법의 원천이 되었다.

또한 왕정시대에 뿌리를 두고 있던 원로원은 공화정에서 가장 안정된 권력기관이었다. 공화정 중기(B.C. 264-133)의 카르타고와의 1, 2차 포에니 전쟁의 승리는 로마로 하여금 지중해를 장악하는 발판이 되었다. 그들은 지중해를 장악하면서 그리스의 언어와 문화, 예술, 건축에 커다란 영향을 받았다. B.C. 197년, 로마는 마케도니아와의 전쟁에서 승리하여 마케도니아를 정복하고 B.C. 189년에 소아시아를 손에 넣었다. B.C. 151-146년에는 카르타고,마

로마 제국

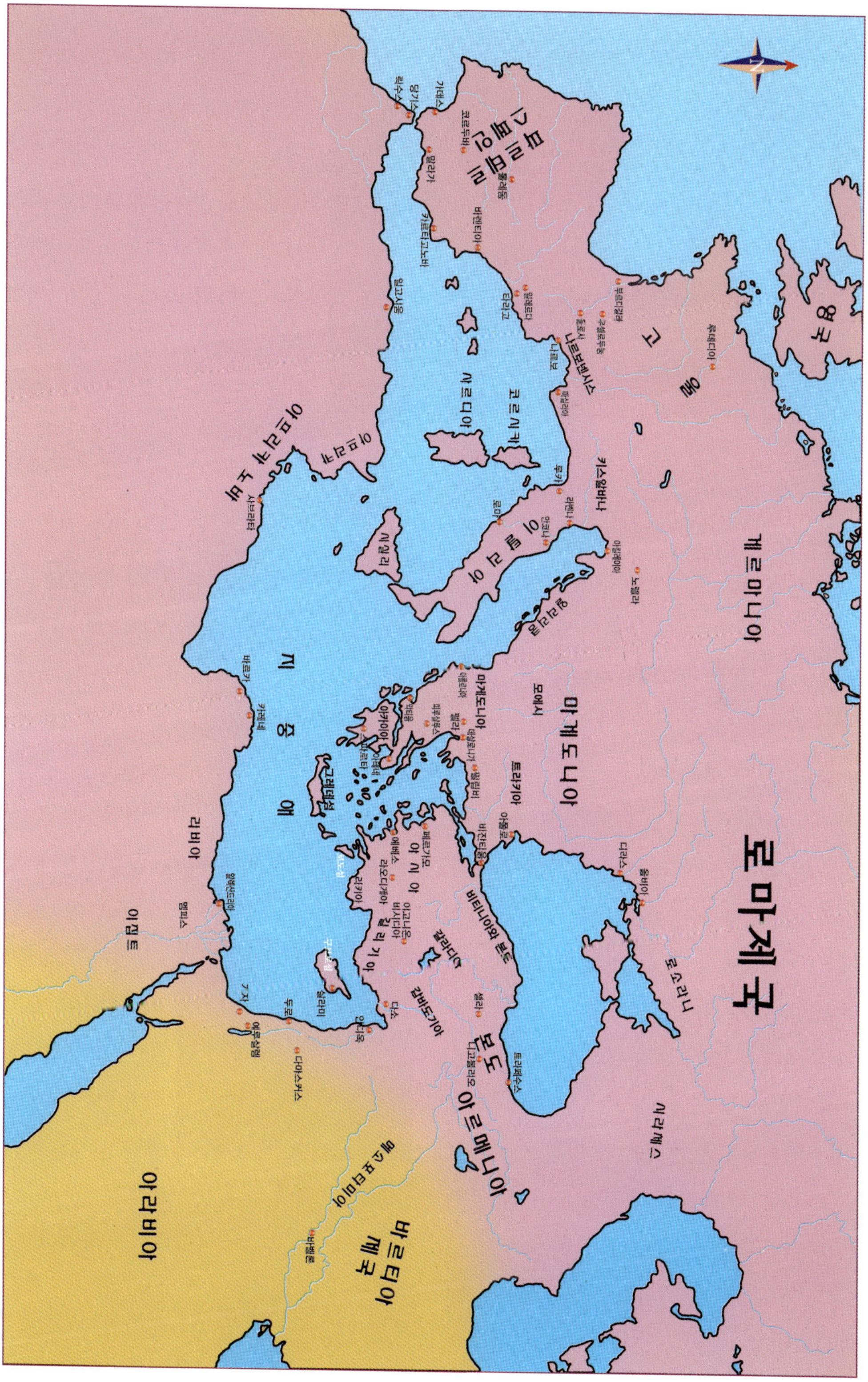

로마 제국
게르마니아
골
마게도니아
지중해
아시아
갈라디아
갑바도기아
아르메니아
아라비아
바르티아 제국
이집트
리비아
아프리카
코르시카
사르디니아
시실리
그레데섬

◑ 로마시 전경

(가이사 아구스도)(마 2:4) 황제 때인 유다 왕 헤롯의 통치 시기에 예수 그리스도가 탄생하고 A.D 4세기에 비로소 로마 제국의 국교로 정착하게 되었던 것이다. 카이사르의 아들 옥타비아누스는 로마의 초대 황제가 되어 아우구스투스(Augu stus, 존엄자)란 칭호를 얻고 군대와 행정을 통솔하였다.

케도니아, 아카이아 동맹과 싸워 승리하여 아프리카와 발칸반도를 장악하였다. B.C. 66년 폼페이우스는 동방 군대 총 지휘권을 넘겨받아 본도에서 대승하여 동방을 석권하고 이 지역의 대부분 지역에서 조공을 받았다.

한편, B.C. 64년에 시리아의 셀류시드 왕조가 로마에 편입되고 B.C. 30년 경 이집트의 톨레미아오스 왕조가 로마에 정복당함으로써 헬라 제국은 막을 내리고 로마 제국이 등장한다. B.C. 30년경 로마 제국은 지중해와 서유럽을 장악하고 5세기까지 그 지역에서 정치와 군사, 사회와 문화를 주도하였다. B.C. 40년 말에 팔레스타인에서는 헤롯이 노련한 협상과 뇌물로 로마의 인토니우스의 마음을 움직여 유다 땅의 왕으로 임명되었다.

그러므로 초기 기독교는, 로마제국이 팔레스타인을 지배할 당시의 옥타비아누스

4. 신약 성서와 로마의 황제들

(초기 기독교의 탄생부터 로마에 기독교가 공인되기까지)

아우구스투스(Augustus, B.C. 63-A.D. 14)

카이사르의 양아들 옥타비아누스는 집정관을 세번에 걸쳐 하고 로마의 초대 황제가 되어 아우구스투스(Augustus, 존엄자)란 칭호를 얻고 군대와 행정을 통솔하였다. 그는 신약성서에 예수 그리스도의 탄생시 '가이사 아구스도' (눅 2:1)란 이름으로 등장한다.

◑ 아우구스투스 황제

티베리우스(Tiberius, B.C. 42-A.D. 37)

◑ 티베리우스 황제

티베리우스는 아우구스투스의 양자로 B.C. 14년 그의 나이 56세 때 로마의 두번째 황제에 등극하여 부친이 이룩한 로마 제국의 영토와 제도를 보존하는데 심혈을 기울였다. 그는 공포정치를 시행하였으며 마지막 재위 6년은 고발과 고문,처형이 절정에 달하였다. 그는 세례 요한과 예수 그리스도 및 사도 요한이 활동했던 시대의 인물이다(눅 3:1).

네로(Nero A.D. 54-68)

◑ 네로왕

네로는 부친이 A.D. 40년경에 죽자 아우구스투스 황제의 증손녀 아스리피나의 손에서 성장했다. 그녀는 황제를 설득하여 17세의 소년 네로에게 황제 자리를 얻게 하였다. 그는 세네카를 통해 제국을 다스리게 하였으며 59년에는 예술 공연을 하는 등 예술에 뛰어난 황제이자 원로원에게 많은 독립권을 주었다. 64년 로마의 대화재로 인해 그에 대한 평판이 나빠지자 기독교인들에게 화재의 책임을 전가하였다. 그는 사도 바울이 로마에서 활동하던 시기에 활동한 황제이기도 하다.

도미티안(Domitian A.D. 81-96)

◑ 도미티안 황제

로마 황제 베시파시아누스의 둘째 아들로 태어나 그의 부친이 통치하는 시대에 6번이나 집정관을 지냈다. 그는 자신을 '주인이자 신'으로 부르게 하여 심한 공격을 받았다.

그는 기독교를 극심하게 박해한 인물이며 사도 요한이 밧모섬으로 유배 당할 당시에 로마의 황제였다. 당시 사도 요한은 밧모섬에서 요한 계시록을 기록하였다.

트리아누스(Trayanus, A.D. 98-117)

트라얀 황제는 기독교인들에게 황제 숭배를 강요하고 사회적 혼란의 원인을 기독교인으로 돌렸다.

마르쿠스아우레리우스(Markus Aurelius, A.D. 161-180)

아우레리우스 황제는 스토아 철학에 심취한 자로서 기독교를 사상적으로 배격하였다. 또한 그는 기독교인이 질병과 흉년을 가져 온 자로 규정하였다.

그의 치세 때 서머나교회 감독 폴리갑과 이그나티우스와 저스틴이 순교한다.

세베루스(Seberus, A.D. 202-211)

◑ 세베루스 황제

세베루스는 로마 제국내에 있는 자들에게 기독교인으로 개종을 금지하였다. 그의 무조건적인 증오로 인하여 많은 기독교인들이 순교하게 되었다.

막시미누스(Maximius, A.D. 235-236)

그는 기독교 성직자들에게 대대적인 박해를 가하고 지진의 원인을 기독교인으로 돌렸다.

데키우스(Dekius, A.D. 249-251)

그는 전국적으로 기독교 신앙을 포기하도록 강요하고 기독교인들이 국력 쇠퇴를 가져온 자로 규정하였으며 황제 숭배를 강요하였다.

발레리우스(Balerius, A.D. 257-260)

◑ 발레리우스 황제

발레리우스는 기독교인들이 질병과 흉년을 가져 온 자들로 규정하고 기독교인들의 재산과 공민권을 박탈하였다.

갈레리우스(Galerius, A.D. 303-311)

갈레리우스는 교회를 파괴하고 성경을 불태우고 기도교인들에게 로마의 다신교를 숭배하도록 강요하였다.

콘스탄티누스 1세(Constantinus 1, A.D. 280-337)

◑ 콘스탄티누스 1세

콘스탄티누스는 동방의 속주에서 기독교에 대해 접촉한 경험이 있는 황제였다. 313년 그는 밀라노 칙령을 선포하고 로마 제국에 거주하는 모든 기독교인들에게 종교의 사유를 주고 교회와 성직자의 재정적, 법률적 특권과 납세와 부역에서 면제 법을 제정하였다.

337년 지금의 터키 지역인 리코메니아에서 최초로 기독교도임을 공포하였다. 그가 만든 비잔틴 제국은 기독교 제국으로서 서유럽의 중세 문화가 발전할 수 있는 기틀을 마련하였다.

5. 헤롯 왕의 통치
(B.C. 37-4)

헤롯의 치세는 크게 세 부분으로 나눌 수 있다. 제 1기는 그의 제임 초기부터 약 15년간 그를 반대하는 세력을 배제하고 로마의 내전에 의한 정치적인 변화에 대처하며 왕국의 기초를 확립하고, 제 2기는 B.C. 23-13년 경으로 헤롯 왕조의 전성기로서 옥타비아누스(가이사 아구스도)의 신임을 받아 B.C. 23년 경에는 다윗 왕국과 거의 같은 영토를 지배하였으며 B.C. 30년경 로마 황제 옥타비아누스에게 사마리아 지역을 하사 받고 수년 후에 아우구스투스 신전을 만들고 성채를 만들어 아우구스투스를 기리는 의미로 헬라이로 '세바스테'라 명하고 저수지와 경기장, 극장, 궁전들을 건축하였다.

또한 그는 지중해 연안의 오래된 항구를 개조하여 새로운 항만 도시로 만들고 세바스토스 항구라 하여 헬라와 로마식의 신전과 극장등을 건축하였다.

제 3기는 헤롯이 말년에 근친 친자들의 권력 다툼으로 고생하고 백성들의 원성과 병고에 시달리게 되었다. 그는 생애에 10명의 처첩을 얻어 15명의 자녀를 낳았으나

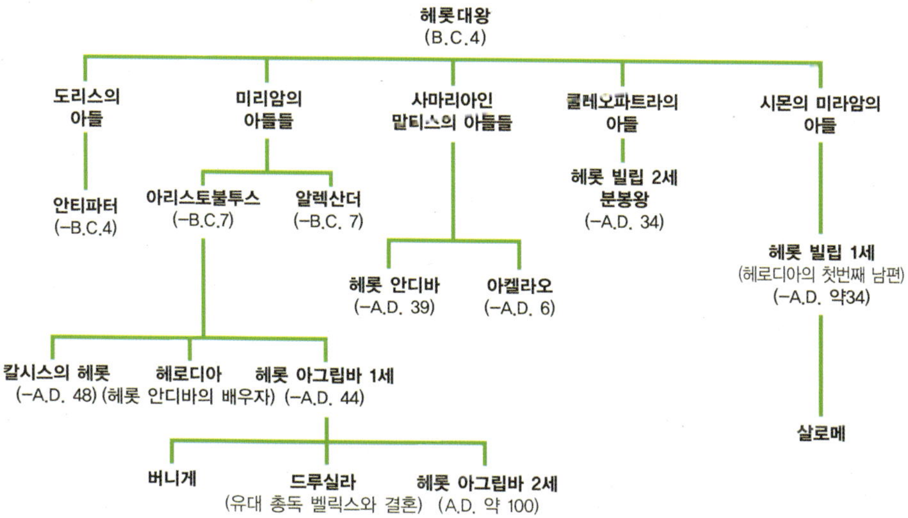

◑ 헤롯 · 가계도

이는 궁전에 처참한 권력 다툼의 원인이 되었고 말년에 심신이 쇠약하여 우울증에 시달리고 있었으며 백성들이 지지하는 하스몬가의 직계인 아리스토볼리스와를 제거하기도 하였다.

한편, B.C. 4년 헤롯 왕이 죽은 후에 그의 영토는 그의 자식들에 의해 분할 통치되었다. 갈릴리와 베뢰아 지역은 헤롯 안디바(마 14:1-10; 눅 23:7-15)에 의해 통치되었는데 이 왕이 예수 그리스도의 공생애 기간 중에 '헤롯' 이라 칭한 자이다. 유다와 사마리아는 아켈라오(마 2:22)에 의해 다스렸으나 유대인의 폭동으로 폐위되고 그 영토는 로마에 귀속되었으며 빌립(눅 3:1)은 분봉왕으로 요단 동편의 최북쪽을 다스렸다. 그가 세운 가이사랴는 그의 이름을 따서 '가이사랴 빌립보' 라 한다.

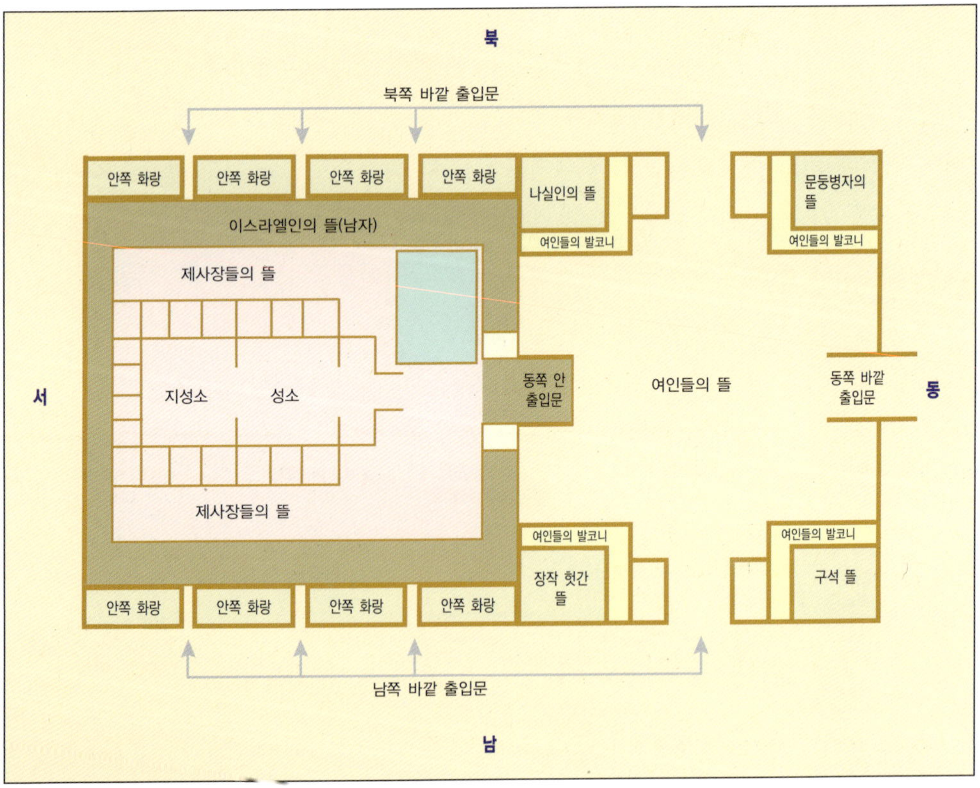

◑ **헤롯 성전의 평면도**

예수 그리스도 당시 팔레스타인

IX 예수 그리스도의 생애

1. 예수의 탄생과 피신

예수 그리스도의 탄생 (마 1:18-2:12; 눅 1:26-2:39)

역사적으로 예수 그리스도의 탄생 시기는 로마 제국의 초대 황제인 카이세르 아우구스투스가 천하를 다스리고 있을 때, 팔레스타인에는 헤롯이 분봉왕으로 유대 땅을 통치하고 있을 때 이 땅에 오셨다(눅 3:1). 누가는 사가랴를 통해 메시야의 예언적 노래를 듣고(눅 1:57-79) 그가 베들레헴에서 태어나기까지의 경위를 기록했다(눅2:1-6).

한편, 로마 황제 아우구스투스는 호구조사를 명하였는데, 요셉은 유대 왕 헤롯의 통치 시 그의 본적지인 다윗의 출신지였던 베들레헴으로 마리아와 함께 갔으며 해산 날이 되어 인류의 구세주로 오신 예수 그리스도는 베들레헴 구유에서 태어 났다(눅 2:7). 비록 예수는 초라한 곳에 태어났지만 양을 치던 목자는 천사로부터 그의 탄생 소식을 전해 듣고(눅 2:14) 가서 그를 경배하였으며 동방에서 별을 연구하던 박사들 역시 먼길을 떠나 베들레헴에 도착하여 그의 나심을 경배하였다.

베들레헴에서 애굽으로 피신 (마 2:13-18)

당시 헤롯 왕은 예수 그리스도의 탄생에 두려움을 느끼고 베들레헴의 2세 이하의 모든 사내 아이를 잡아 죽였다. 그러므로 요셉은 천사로부터 경고를 받고 마리아와 함께 애굽으로 피난 길을 떠난다.

애굽에서 나사렛(마 2:19-23)에 거주

요셉 일행은 헤롯이 죽기까지 약 4년간 애굽에서 머물게 되었다. 마침내 헤롯이 죽지만 천사의 음성을 듣고 헤롯의 아들 아켈라오를 두려워하여 베들레헴에 거주하지 않고 나사렛에서 유년 시절을 보냈

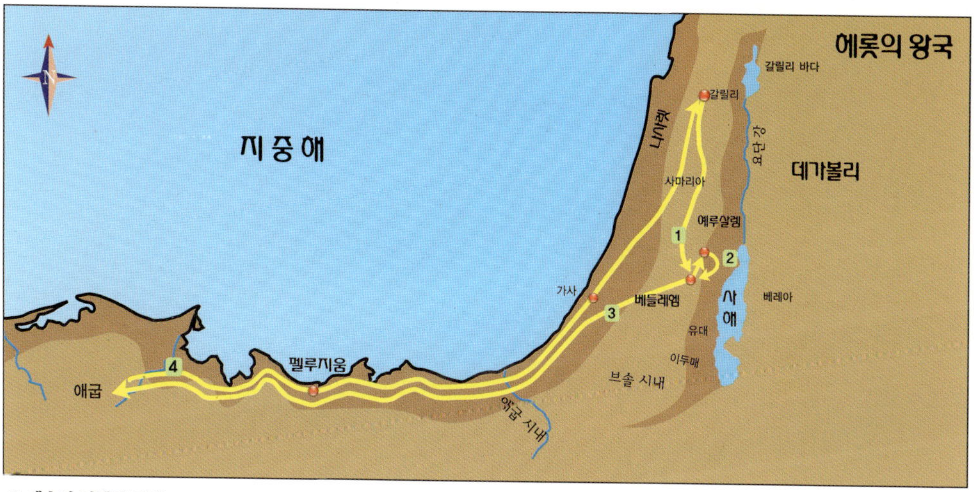

◑ 예수의 탄생과 피신

다. 이러한 이유로 예수는 '나사렛 사람'으로 알려지게 되었다(마 2:19-23).

예수는 유대의 회당에서 성경을 읽고 성경을 논하며 많은 사람들에게 사랑을 받으며 유년 시절을 보냈다(눅 2:52, 4:16-30). 그는 해마다 유월절이 되면 부모들과 함께 예루살렘으로 가서 유월절을 지키고 다시 나사렛으로 내려왔다.

◑ 예수님의 탄생

2. 예수 그리스도의 공생애 준비와 초기 사역

예수 그리스도의 공생애 시역의 준비는 요단 강 건너 편 벧아라바에서 요한으로부터 세례를 받으심(마 13:13-17)으로부터 시작되었다.

또한 예수 그리스도는 광야에서 40일간 금식하시며 사단과 대결하여 이기심으로 자신이 메시야이심을 공개적으로 입증하였다(마 3:1-4:11). 복음서의 저자인 마가와 누가의 기록은 예수 그리스도의 초기 사역지가 갈릴리 지방과 주로 소외 지역이었음에 초점을 맞추고 있다.

그는 갈릴리 바다에서 비천한 어부로 살아가던 베드로와 안드레 형제 및 야고보와 요한 형제를 첫 제자로 부르셨다(마 4:18-22). 그리고 가나로 옮겨 첫 이적을 행하신다.

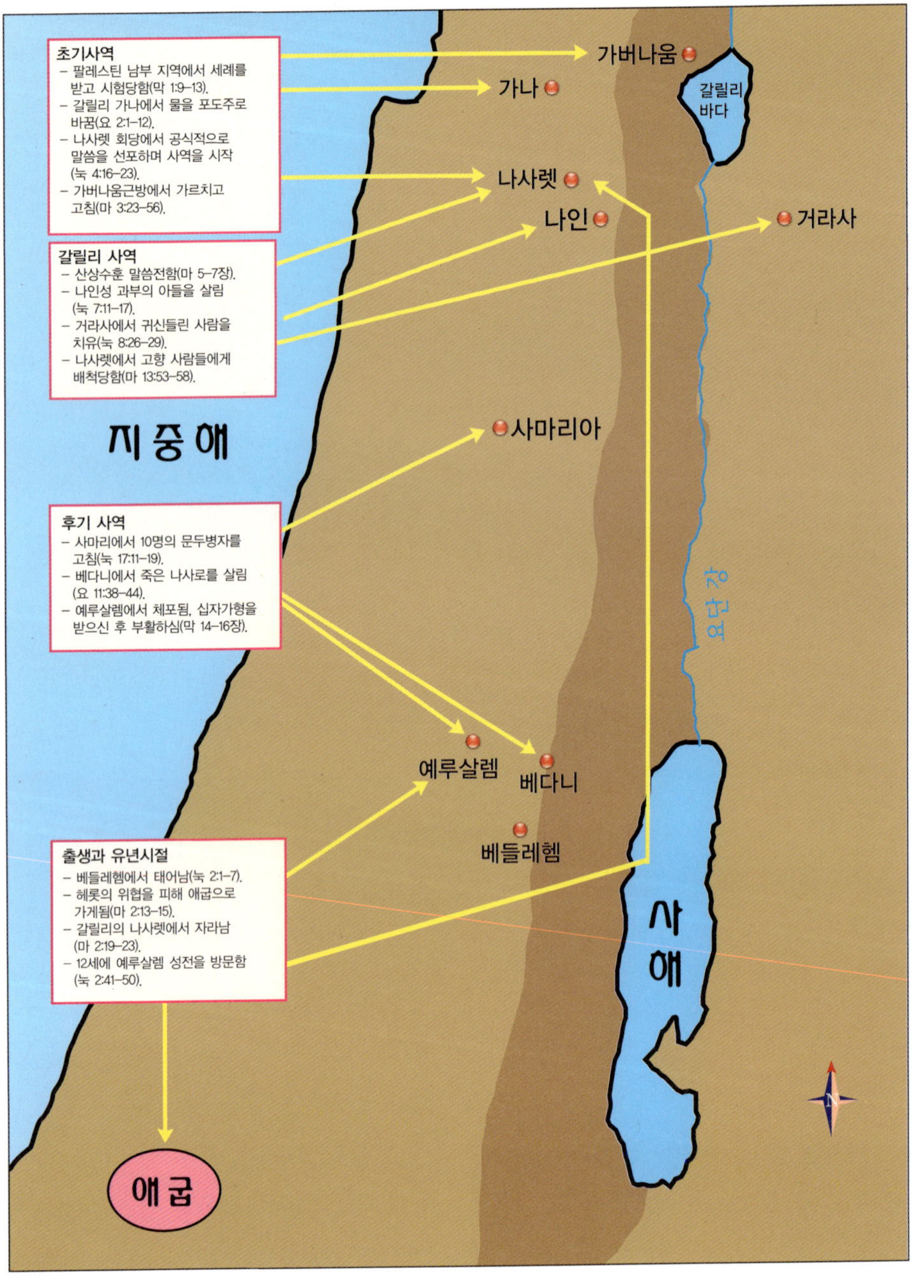

◑ 예수의 생애

초기 갈릴리 사역(요 2:1–11)

첫 제자를 부르신 후 사흘 후에 예수는 나사렛에서 북동쪽으로 약 5km 떨어진 가나에서 첫 이적을 행하였다. 그리고 고지대인 갈릴리에서 저지대인 벳새다와 고라신 근처 호숫가에 위치한 가버나움으로 내려가 잠시 머문 후에 유월절을 지키기 위해 예루살렘으로 올라갔다(요 2:12, 13).

초기 유대 사역(요 2:13- 4:42 마 3:13-19, 10:2-4, 12:1-8)

예루살렘에서 예수는 성전의 본래 기능을 상실하고 장사치들로 인해 더러워진 성전을 정결케 하시고 성전을 자신의 몸에 비유하여 그의 죽으심과 부활을 예언하였다. 그리고 그는 전통 바리새인이자 산헤드린 회원이었던 니고데모에게 중생의 진수를 알려 주었다(요 3:1-21). 니고데모와 대화가 있었던 유월절 기간이 지나 예수는 예루살렘을 떠나 요단강에서 가까운 유대 지방으로 이동하였다.

그는 그곳에서 제자들과 함께 사마리아를 통해 갈릴리로 가던 중 세겜에 있는 야곱의 우물가가 있는 수가성에 사는 사마리아 여인을 만나 영생의 신비를 가르쳐 주었다(요 4:3-39). 중생한 사마리아 여인은 복음 전도자가 되어 많은 자들에게 복음 증거를 하자 많은 사람들이 예수에게 몰려들었고 예수는 그들의 간청으로 이 틀을 더 그곳에서 머문 후에 갈릴리로 올라갔다.

3. 제 1차 갈릴리 사역
(마 5-9장, 막 2-5장, 눅 4-7장)

갈릴리 1차 사역은 백성들에게 예수의 복음 전파와 이적을 행하는데 주된 사역으로 이루어져 있다. 한편, 예수는 그를 오해하고 배척한 고향 사람들로 인하여 사마리아에서 고향인 나사렛으로 바로 가지 않고 갈릴리 지역으로 돌아왔다(요 4:43-45).

그는 그 지역을 다스리던 헤롯의 신하의 아들을 고쳐 주었다(요 4:46-54). 이것은 가나에서 그가 행한 두 번째 이적이었다. 기적을 행하자 예수는 갈릴리에서 환영을 받고 회당에서 말씀을 전하신 후 나사렛으로 가서 안식일에 그들에게 자신이 이사야서(61:1)에 언급된 메시야임을 전하자 그들로부터 배척을 당해 벼랑에서 떨어져 죽을 고비를 겪게 되었다(눅 4:16-30).

나사렛을 떠나 가버나움에 온 예수는 귀신을 쫓아내고 많은 불치의 병자들과 베드로의 장모의 열병을 고쳐 주었다(눅 4:31-

◑ 병자를 치유하시는 예수님

◑ 예수의 갈릴리 사역

44). 그는 배를 타고 갈릴리 바다의 동서를 왕래하며 많은 표적과 이적을 행하였으나, 안식일의 교훈을 가르침으로 바리새인들의 시기의 대상이 되기도 하였다(마 12:1-8). 한편, 예수는 밤새 기도한 후에 12명의 제자를 선택하여 그들을 사도로 칭하여 복음 전도자로 삼으시고 산상 설교를 통하여 천국 복음을 구체적으로 알게 하였다(마 5-7장). 산에서 내려 온 예수는 문둥병자를 고치신 후 가버나움으로 돌아갔다.

4. 제 2차 갈릴리 사역
(눅 7-9장)

2차 갈릴리 사역은 하나님 나라의 확장을 위한 순회 전도와 제자 훈련이 주된 관심이었다. 한편, 갈릴리 사역에서 여인들 가운데 막달라 마리아는 옥합을 깨어 예수께 향유를 붓는 섬김의 모습을 보여주고(눅 8:1-3) 죽은 자들이 고침을 받게 된다. 다시 갈릴리에서 사역을 시작한 예수는 나인 성에서 과부의 죽은 아들을 살리셨다(눅 7:11-17).

이에 세례 요한은 그의 제자를 보내 그

가 오실 메시야인지 알아보고자 하였다. 그때 예수는 구약에 예언된 메시야의 표적을 설명하며 자신이 메시아임을 보여주며 가서 전하도록 하였다(눅 7:18-23). 예수는 각 성과 촌을 순회하며 전도하였으며 갈릴리 바다에서는 풍랑을 잔잔케 하시고 건너편 거라사에서는 군대 귀신 들린자를 고쳐주었다(마 8:18-34).

하지만, 그곳에 거주하는 자들이 떠나기를 간청하자 가버나움으로 향하였으며 오는 중에 12년 동안 혈루증으로 고생한 여인을 고쳐 주었다.

5. 제 3차 갈릴리 사역

3차 갈릴리 사역은 예수 그리스도의 전도 사역 중 절정기라 할 수 있다. 가버나움에 온 예수는 갈릴리 지역에서 복음을 전하고 12제자들을 택하여 능력을 주시고 그들로 하여금 복음 전도자로 파송하였다(눅 9:1-9).

하지만, 예수와 제자들의 복음 전파에 대한 소식을 들은 갈릴리 지역을 다스리던 헤롯 안디바는 두려움에 빠졌다(눅 9:7-9). 한편, 예수는 전도하고 돌아 온 제자들에게 휴식을 주고 훈련을 시키고자 벳세다로 자리를 옮기는데 이를 안 많은 무리들이 그를 따라와 빈들에서 오병이어의 기적을 행하였다(눅 9:10-17).

저녁이 되어 무리를 보낸 예수는 제자들에게 배를 태워 보내고 자신은 한적한 산으로 기도하러 갔다. 하지만 제자들이 탄 배는 풍랑으로 심히 흔들리고 한 밤중에 예수는 물위를 걸어와 고통중에 있는 제자들이 탄 배에 오르니 바람과 바다가 잔잔해지는 기적을 베풀었다.

게네사렛 지역에서 많은 병자들을 고치신 예수는 다시 가버나움에 도착하여 떡을 먹은 무리들에게 생명의 떡에 대해 강론하시고(요 6:24-71) 다시 베니게 지역인 두로와 시돈 지역으로 옮겨 귀신 들린 딸을 고치셨다(마 15:21-28).

그는 시돈에서 데가볼리 지역을 거쳐 갈릴리 지역에서 많은 이적으로 병자들을 고치시고 제자들과 함께 배를 타고 마가단을 거쳐 베세다로 갔다. 그는 이곳에서 소경된 자의 눈을 뜨게 하시고 가이사랴 빌립보 지역에서는 그의 제자 베드로로부터 신앙 고백을 받고(마 16:13-20) 구체적으로 다가올 자신의 죽음을 언급하였다(마 16:21).

한편, 그는 변화산에서 모세와 엘리야를 대동하고 가까이에 있던 제자들인 베드로 야고보 요한에게 자신의 신성의 모습을 보여주고(마 17:1-9) 가버나움에 도착하자 어린 아이를 세우시고 우두머리가 되고자 하는 제자들에게 겸손을 일깨우셨다(마

17:1-27).

예수는 다시 예루살렘 근처의 베다니 마을의 마리아와 마르다의 집에 잠시 머문 후에 수전절을 지키기 위해 예루살렘으로 갔으나 다시 위험을 당하여 베다니로 내려와 죽은 나사로를 살리셨다(요 11:17-46).

하지만, 이 일로 인하여 유대 종교 지도자들은 예수를 죽이고자 음모를 꾸미기 시작하였다(요 11:45-57). 그러므로 예수는 그들을 피해 광야 근처 에브라임 성읍으로 피신하고(요 11:54) 베레아 지역에서 여리고 출신 삭게오를 만나 그에게 구원을 베푸셨다(눅 19:1-10).

예수 그리스도의 마지막 사역

나사로의 부활 사건으로 인해 반감을 가진 유대 종교 지도자들을 피해 예수는 광야 근처 에브라임 성읍으로 피신하였으며

◑ 나사로가 부활한 장소

(요 11:54) 베레아 지역에서는 여리고 출신 삭게오를 만나 그에게 구원을 베푸셨다(눅 19:1-10).

6. 예수 그리스도의 십자가 사건 이전의 한 주간 일기

첫째 날 : 금요일

예수는 유월절 6일전에 베다니에 도착하여 예루살렘 입성을 위해 나귀를 준비시키시고 준비된 나귀를 타고 환호를 받으며 예루살렘에 입성하였다. 그는 재차 성전을 정결케 하고 다시 베다니로 돌아왔다(마 21:1-17).

둘째 날 : 월요일

이른 아침에 예루살렘으로 들어가실 때 길가에 있는 잎만 무성한 무화과 나무를 저주하였다(마 21:19-22). 다시 성밖으로 나갔다(막 11:19).

셋째 날 : 화요일

다시 예루살렘에 입성한 후에 여러가지 비유로 바리새인들에게 경고의 메시지를 보내고 감람 산에서 마지막 설교로 예루살

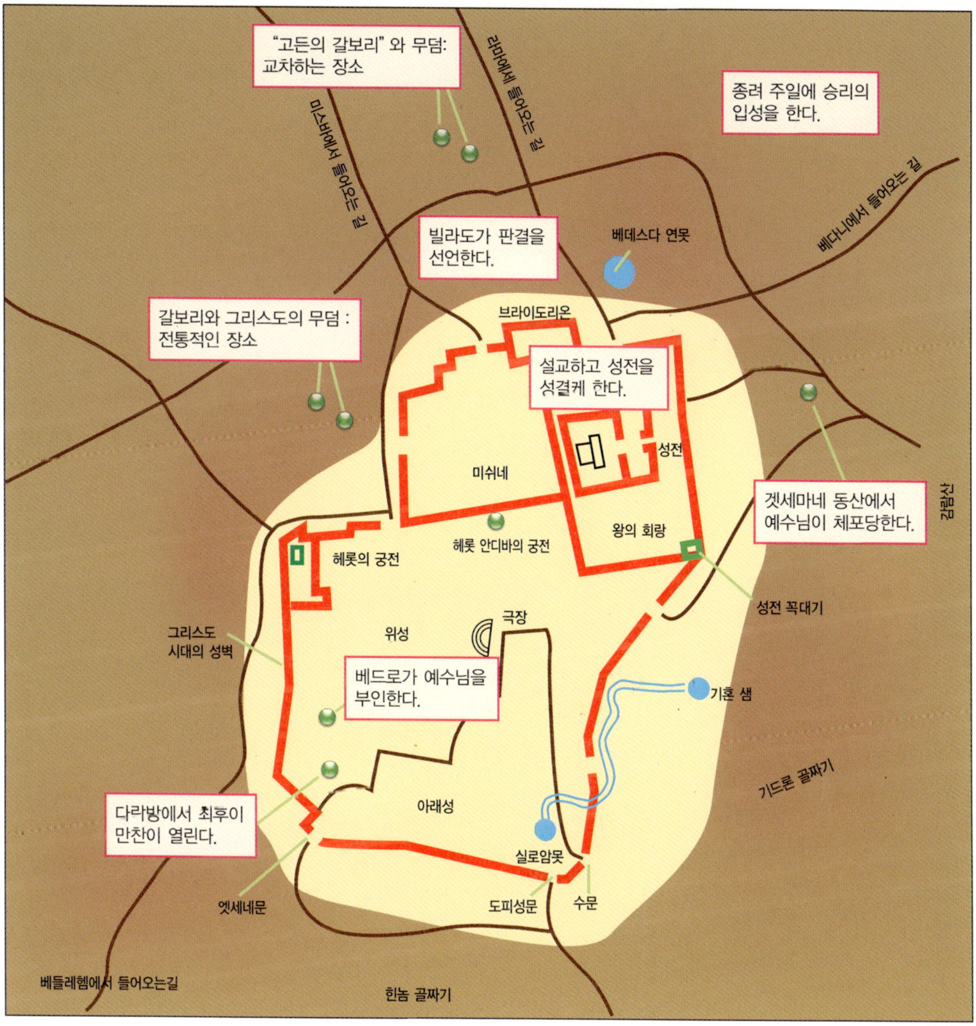

◑ 예수의 재판과 십자가 사건

렘 성전이 파괴될 것을 예언하였으며 유다의 배반이 있었다(마 24, 25장).

넷째 날 : 수요일

예수는 하루종일 침묵하였다

다섯째 날 ; 목요일

예수는 무교절 첫 날 베다니에서 예루살렘으로 올라와 유월절을 준비한 후 제자들과 함께 최후의 만찬을 하면서 베드로와 제자들의 부인을 예언하였다.

만찬이 끝나자 그는 감람산 서쪽에 위치한 겟세마네 동산에 올라가 밤새 기도하였다(마 26:36).

여섯째 날 : 금요일

이른 아침에 겟세마네 동산에서 내려 온 예수는 배신한 가룟 유다에 의해 대 제사장으로부터 파견된 한 무리에게 잡혀 예루살렘에 있는 대제사장 가야바의 집으로 옮겨졌다. 예수는 산헤드린 공의회에서 심문을 받을 때 침묵하시고(마 26:57-68) 대제사장 집뜰까지 따라 온 베드로는 세 차례에 걸쳐 예수를 부인했다(마 26:69-75). 예수는 대제사장과 장로들에 의해 정죄받고 로마 총독 빌라도와 헤롯에게 끌려가 심문 받고 유대인들의 예수에 대한 반감과 그들의 폭동을 두려워 한 나머지 빌라도는 예수를 골고다 언덕에서 십자가 형에 처하도록 하였다(마 27:15-38).

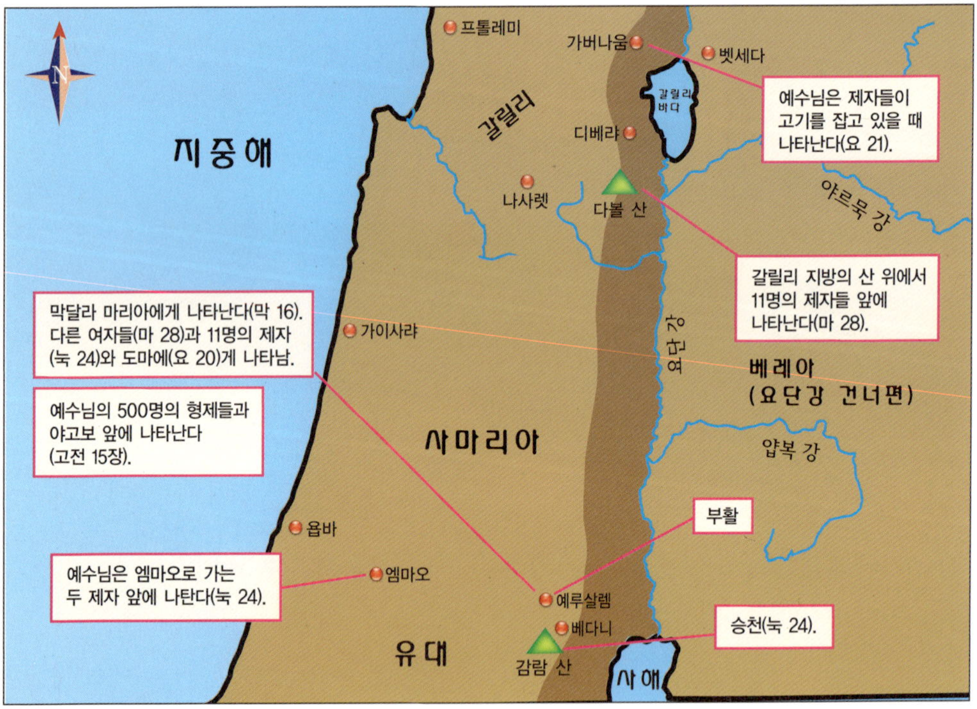

◑ 예수의 부활 이후의 사건

신약 시대 예루살렘

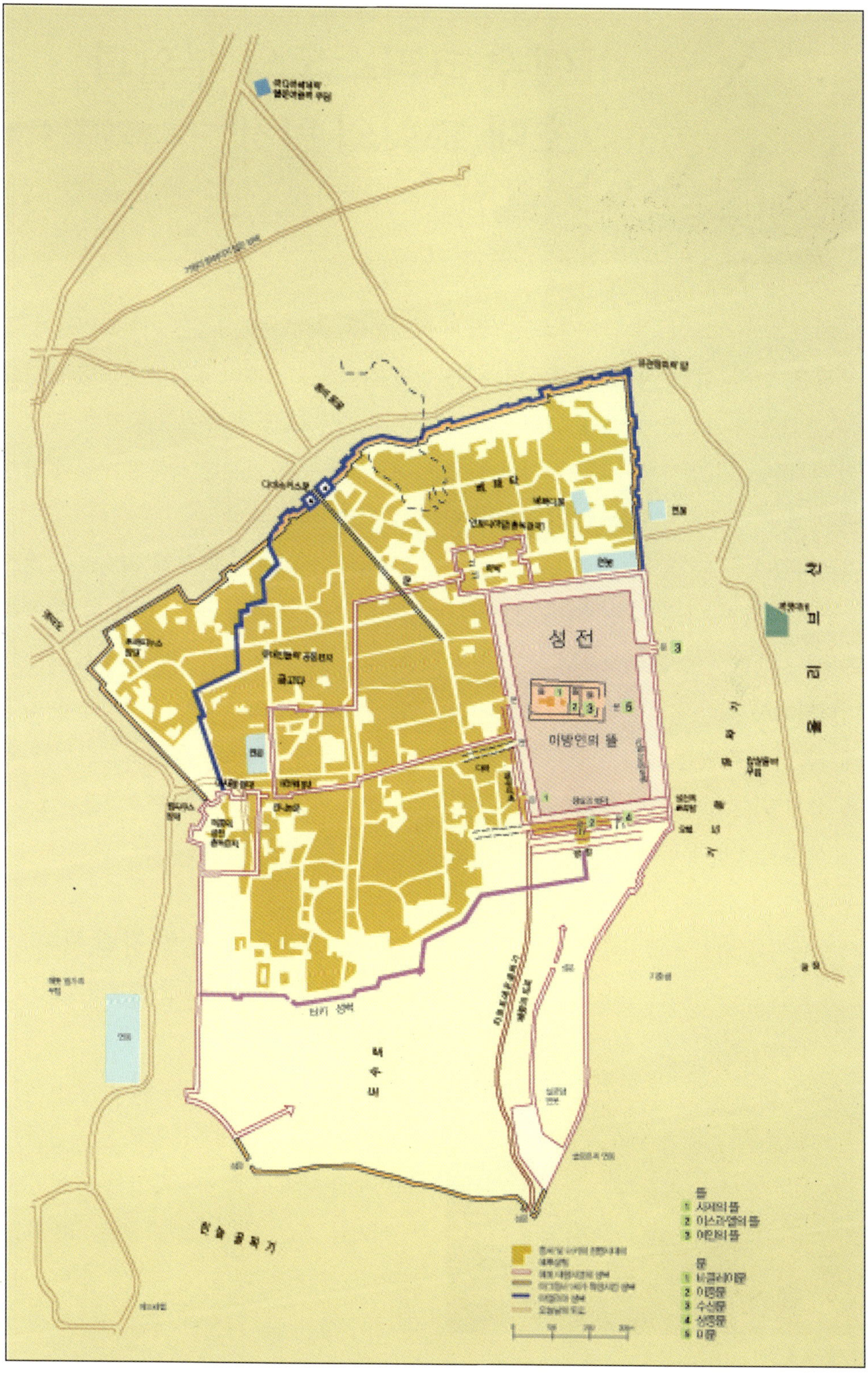

X 예수 그리스도의 부활과 초대 교회의 탄생

예수 그리스도의 수난과 죽음, 그리고 부활은 이미 여러 차례 예언되었다(마 16:21, 17:22, 20:19, 26:31). 그러므로 그의 부활은 그가 역사적인 메시야임과 동시에 기독교 신앙에 영원한 생명을 가져 온 사건이었다.

그의 부활과 더불어 예수께서 승천하시기 전 약속하신 성령을 오순절 날 마가의 다락방에서 체험하고(행 1장) 그를 따르던 제자들은 능력있는 그리스도의 증인의 삶을 살게 되었으며 이제 복음은 그들을 통해 예루살렘과 유다와 사마리아, 그리고 소아시아의 안디옥까지 점차적으로 널리 퍼져 나가게 되었던 것이다.

◑ 예루살렘 도시

한편, 예루살렘에서는 기독교인들에 대한 핍박으로 스데반 집사가 순교를 당하고 초대 기독교인들은 구브로를 거쳐 로마 시대의 3대 도시 가운데 하나인 수리아 안디옥에 정착하게 된다.

그들은 이방인들을 통해 최초로 그리스도인이라는 이름을 얻게 되었으며 또한 교회 지도자인 바나바와 사울을 중심으로 이방 지역에 최초로 수리아 안디옥에 초대 교회가 탄생되고 선교하는 교회로서의 복을 얻게 되었다.

1. 오순절 날 성령 강림 시 예루살렘 방문자들(행 2:9-11)

유대인의 3대 명절 가운데 하나인 오순절을 지키기 위해 예루살렘에 온 사람들은 로마제국 내에서 각지에 흩어져 살던 유대인이거나 또는 유대교로 개종한 이방인들이었다. 그들은 매년 예루살렘 성전을 방문하여 성전세를 바치며 야훼 신앙을 견고

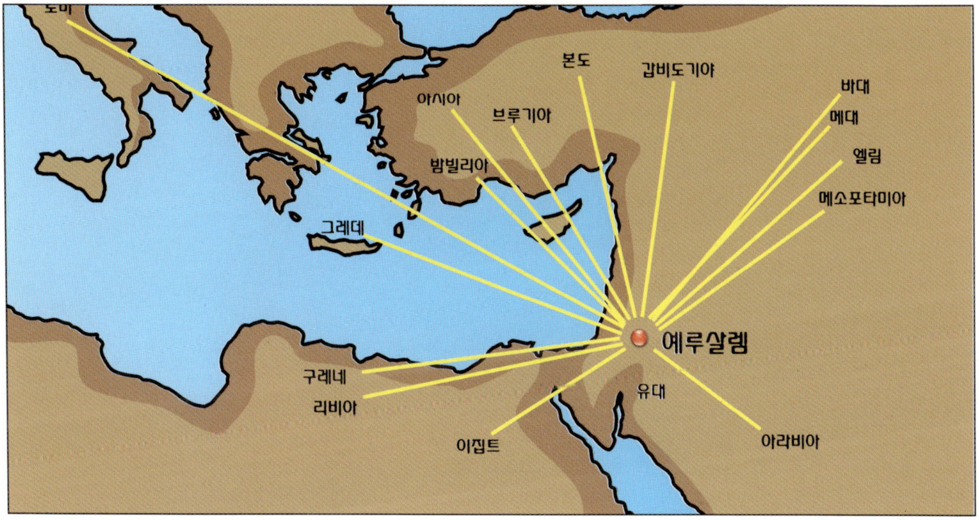

◑ 오순절 성령 강림시 예루살렘을 방문한 자 사람들

하게 유지한 자들이었다.

로마 제국내의 여러 지역에서 흩어져 신앙 생활을 하며 다른 방언으로 말하던 자들에게 오순절 성령 강림 사건은 하나님의 구속사이 시대가 성령을 통해 만민에게 선포되는 중요한 순간이었다. 뿐만 아니라, 성령을 통해 그리스도의 지상 명령이(마 28:18-20) 전세계에 선포되는 역사적인 순간이기도 하였던 것이다(행 1:8).

그들의 출신 지역은 소아시아 전 지역과 북아프리카와 애굽과 로마 지역, 그리고 바벨론과 시리아 지역이였다. 그리고 그들이 사용한 언어들은 히브리어와 아람어, 헬라어, 그리고 라틴어를 사용하는 자들이었다.

2. 초대 교회 선교의 시작

초대 교회의 선교의 시작은 경건한 집사 스데반의 순교로부터 시작된다. 그는 예루살렘에서 예수 그리스도의 복음을 명쾌하고 담대하게 전하자 예루살렘 공의회에 잡혀와 유대인들에게 돌에 맞아 순교하였다. 하지만 그의 복음 전도 사역은 유대인의 사도였던 베드로와 이방인의 사도인 바울로 관심이 전환되는 과정 속에 복음 전도의 연결 고리 역할을 하고 있음을 주목할 필요가 있다.

뿐만 아니라, 스데반의 순교 후 흩어진 그리스도인들 가운데 빌립 집사의 선교 사역은 복음이 예루살렘에만 한정되지 않고 유대와 사마리아, 그리고 팔레스타인 지역으로 널리 전파되는 과정을 보여 주고 있다.

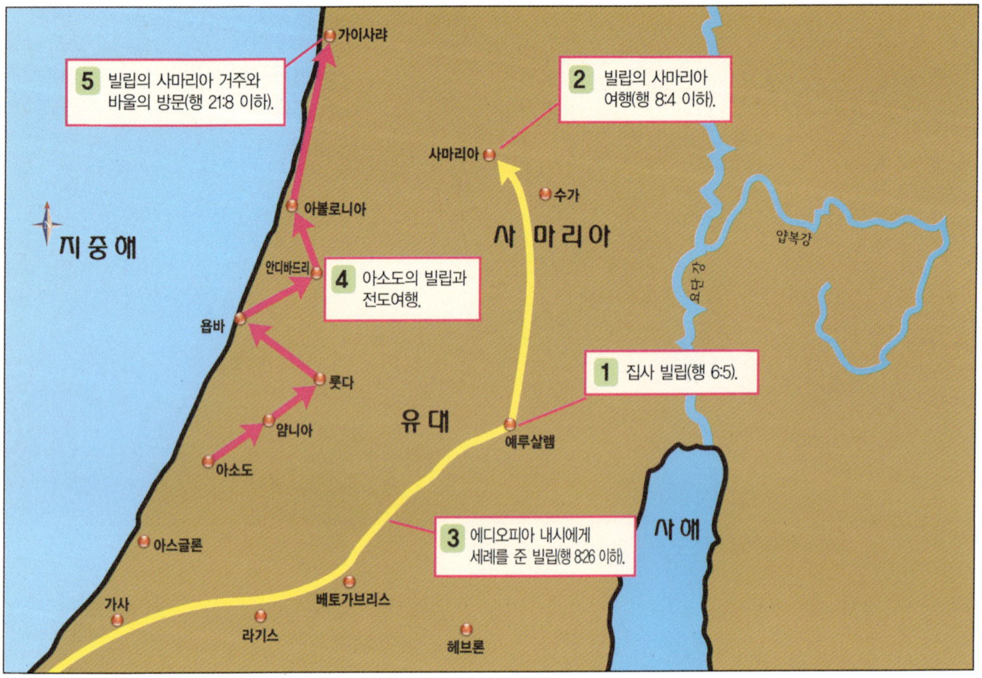

◑ 빌립의 선교 여행

빌립 집사의 선교

초기 기독교 역사 속에서 빌립 집사의 사마리아 전도 사역은 복음이 예루살렘과 유대와 사마리아와 땅끝까지 이르는 과정을 소개해 주고 있다. 그는 초대 교회 일곱 집사 중의 한 사람으로 사마리아에서 영향력을 지닌 마술사 시몬에게 복음을 전하자 그가 회개하고 예수를 믿는 놀라운 일이 일어 났다(행 8:1-13).

그러므로 이 소식을 듣고 그를 돕기 위해 예루살렘 교회는 베드로와 요한을 사마리아 지역에 파송하게 되었나. 한편, 빌립은 예루살렘에서 가사로 내려가는 에디오피아 여왕의 내시에게 복음을 전하여 복음이 이제 유대와 사마리아 지역을 넘어 세계로 퍼져감을 보여주었다.

베드로의 선교

빌립의 사마리아 전도로 인해 예루살렘에서부터 사마리아에 온 베드로는 예루살렘으로 귀환하는 길에 사마리아의 여러 지역에서 복음을 전하였다(행 8:25).

예루살렘에 귀환한 베드로는 얼마 후에 순회 복음 전도 사역을 시작하였다. 첫째로 룻다에 가서 8년간 중풍병으로 고생하는 에니아의 병을 고치어 많은 신자를 얻게 되었다(행 9:32-43).

그리고 나서 그는 선행과 구제하는 일에

사도 바울의 생애

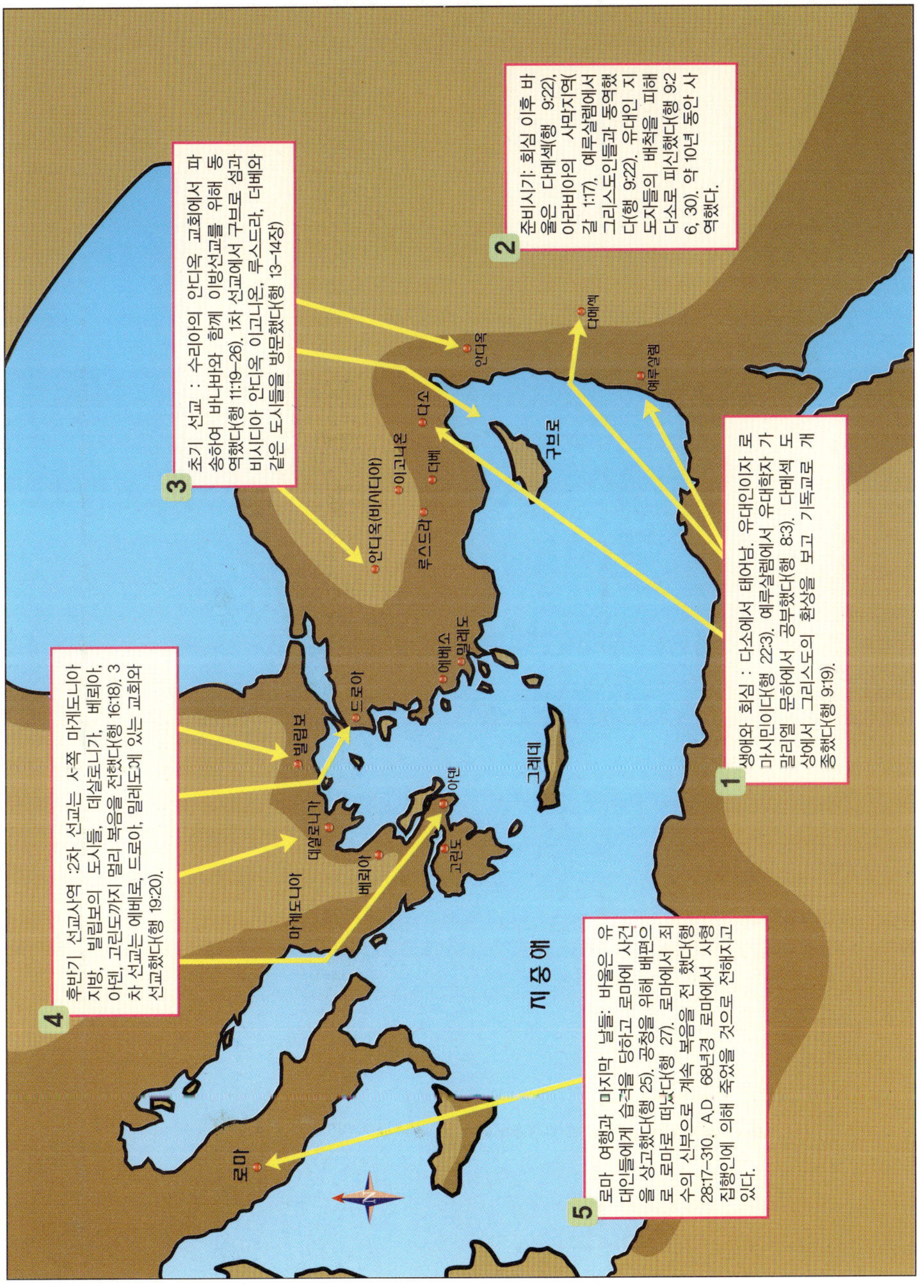
1 생애와 회심 : 다소에서 태어남. 유대인이자 로마시민이다(행 22:3). 예루살렘에서 유대학자 가말리엘 문하에서 공부했다(행 8:3). 다메섹 도상에서 그리스도의 환상을 보고 기독교로 개종했다(행 9:19).
2 준비시기: 회심 이후 바울은 다메섹(행 9:22), 아라비아의 사막지역(갈 1:17), 예루살렘에서 그리스도인들과 동역했다(행 9:22). 유대인 지도자들의 배척을 피해 다소로 피신했다(행 9:26, 30). 약 10년 동안 사역했다.
3 초기 선교 : 수리아의 안디옥 교회에서 파송하여 바나바와 함께 이방선교를 위해 동역했다(행 11:19-26). 1차 선교에서 구브로 섬과 비시디아 안디옥 이고니온, 루스드라, 더베와 같은 도시들을 방문했다(행 13-14장)
4 후반기 선교사역 :2차 선교는 ㅅ쪽 마게도니아 지방, 빌립보의 도시들, 데살로니가, 베뢰아, 아덴, 고린도까지 멀리 복음을 전했다(행 16:18). 3차 선교는 에베로, 드로아, 밀레도에 있는 교회와 선교했다(행 19:20).
5 로마 여행과 마지막 날들: 바울은 유대인들에게 습격을 당하고 로마에 사건을 상고했다(행 25). 공청을 위해 배편으로 로마로 떠났다(행 27). 로마에서 죄수의 신부으로 계속 복음을 전 했다(행 28:17-310. A.D 68년경 로마에서 사형집행인에 의해 죽었을 것으로 전해지고 있다.
로마
마게도니아
데살로니가
빌립보
드로아
베뢰아
고린도
아덴
에베소
밀레도
그레데
지중해
안디옥(비시디아)
이고니온
루스드라
더베
다소
안디옥
구브로
다메섹
예루살렘

바울 시대의 소아시아와 유럽

XI 사도 바울의 선교

복음서의 예수 그리스도의 역사적인 부활 사건(마 28:6-7)과 사도행전의 오순절날 성령의 강림 사건(행 1:8)은 기독교 세계 선교의 새로운 여명을 가져왔다. 한편, 시리아의 다메섹에서 회심한 바울의 신앙과 복음에 대한 충성심은 그의 탁월한 선교 신학과 어우러져 기독교를 전세계에 소개하는데 결정적인 역할을 하게 된다.

지리적으로 사도 바울의 선교의 시작은 시리아 안디옥(Anthioch)이란 대도시에서 시작하였다. 이곳은 예루살렘을 떠나 온 기독교인들이 최초로 '그리스도인'이라는 영광스러운 이름을 얻은 곳이기도 하다(행 11:26). 사도 바울과 그의 선교 동역자인 바나바는 안디옥 교회의 지도자로 교회를 섬기다가 성령의 부르심을 받고 이방 세계에 최초의 선교사가 되었다(행 13:1-3). 그러므로 수리아 안디옥은 초기 선교사들에게 선교 여행의 본거지이자 고향 같은 곳이기도 하다.

◑ 사도 바울

1. 제 1차 선교 여행
(행 13:2-14:28)

사도 바울의 제 1차 선교 여행은 크게 3 지역으로 요약된다.

첫째로 그가 지도자로 섬기고 있었던 수리아 안디옥 지역(행 1:1-3)과 둘째로 지중해 무역의 중심지인 구브로 지역(행 13:13), 그리고 마지막으로 소아시아의 내륙 지역(행 13:14-14:25)을 방문한다.

수리아 안디옥(현시명. 터키어 안타키아(Antakya))

수리아 안디옥은 현재 터키 땅에 속해 있으며 안타키아로 명한다. 1세기에 수리아 안디옥은 로마 제국내에서 로마와 알렉산드리아 다음으로 큰 도시이자 인구 약

50만을 가진 대도시로서 수리아의 수도이자 '동방의 여왕'이란 이름을 얻을 만큼 아름다운 도시였다. 도시 중앙에는 아름다운 오론테스(Orontes) 강이 흐르고 또한 무역의 중심지로 지리적으로 동양과 서양의 상권이 만나는 교통의 요지에 위치하고 있었다.

◑ 수리아 안디옥

구브로(현지명. 헬라어 쿠프루스(C yprus)

바울의 고향 길리기아의 다소에서 가까운 지중해의 아름다운 섬 구브로는 이 섬이 구리의 생산이 많아 '구리'란 의미를 지니고 있다. 구약의 민수기에서는 이곳을 '깃딤'으로 언급하고 있다. 구브로는 바나바의 고향이며(행 4:36), 사도 바울 일행이 수리아 안디옥을 떠나 살라미와 바보 지역으로 선교한 곳이다(행 13:4-13).

소아시아 지역들

- 앗달리아(현지명. 터키어 안탈리아(Antalia)
- 버가(현지명. 헬라어 페르게(perge)
- 비시디아 안디옥(현지명. 터키어 얄바치(Yalvac)
- 이고니온(현지명. 터키어 콘야(Konya)
- 루스드라(현지명. 터키어)
- 더베(현지명. 터키어)

◑ 구브로

갈라디아

B.C. 3세기 프랑스의 고을(Gauls) 지방에서 이주해 온 사람들이 정착한 갈라디아 지역은 오늘날 터키의 아시아 지역에 속한 아나톨리아의 중심부에 위치하고 있다. 1세기 갈라디아는 북으로는 흑해와 남으로는 지중해까지 이어지는 높은 산과 평야가 어우러진 넓은 지역이었으며 비시디아 안디옥은 갈라디아 지역의 대 도시 가운데 하나였다.

◑ 갈라디아

• 1차 선교 여행 방문지 순서

수리아 안디옥 → 실루기아 → 살라미 → 바보 → 밤빌리아(버가) → 비시디아(안디옥) → 이고니온 → 루스드라 → 더베-루스드라 → 이고니온 → 밤빌리아(버가) → 버가 → 앗달리아 → 수리아 안디옥

1. 수리아 안디옥 → 실루기아 → 살라미(행 13:2-4)
2. 살라미 → 바보(행 13:13)
3. 바보-밤빌리아(버가)(행 13:14)
4. 밤빌리아(버가) → 비시디아(안디옥)
5. 비시디아(안디옥) → 이고니온(행 13:50-51)
6. 이고니온 → 루스드라(행 14:5-6)
7. 루스드라 → 더베(행 14:20)
8. 루스드라 → 이고니온 → 비시디아(안디옥)(행 14:21-23)
9. 밤빌리아(버가 → 앗달리아(행 14:25)
10. 앗달리아 → 수리아 안디옥(행 14:26-28)

• 바울의 1차 선교 사역 이야기

바울의 선교 사역은 수리아 안디옥 교회에서 준비되고 시작되었다. 그는 이 교회에서 지도자로 성도들을 가르치는 사역을 하다가 성령의 부르심을 받았다(행13:1-3). 그들은 예배와 금식하는 중에 성령의 음성을 듣는 순간 교회 지도자인 바나바와 바울을 선교사로 보내기로 결정하고 하나님께 순종하는 성숙한 자세를 보여주고 있다. 사도 바울 일행은 제 1차 선교 여행을 마치고 돌아와 안디옥 교회에서 선교 보고를 하며 제 2차 선교 여행을 준비하였다. 그러므로 안디옥 교회는 초기 기독교 세계 선교의 중심적인 교회가 되었던 것이다.

바울과 바나바는 수리아 안디옥을 떠나 실루기아로 내려가 배를 타고 지중해 무역의 중심지이자 바나바의 고향이기도 한 구브로 섬을 첫 선교지로 택하였던 것은 결코 우연한 일은 아니다. 그리고 이곳에서 그들은 바나바의 생질인 마가 요한을 선교의 동역자로 세워 함께 1차 선교 여행을 시작하였다.

◑ 안디옥 교회에서 발견된 모자이크 여인상

한편, 바울 일행은 구브로 섬에서 먼저 회당을 방문하여 설교하고 박수인 바예수

◑ 바울의 1차 선교 여행

와 영적 전쟁을 하여 승리한 후 구브로의 로마 총독 서기오 바울을 하나님의 자녀로 얻게 되는 기쁨을 맛보았다. 그리고 이곳에서 성공적인 선교를 마치고 배를 타고 소아시아에 도착하여 내륙 선교를 시작하였다.

그러나 소아시아의 선교는 험난한 선교 여행이었다. 내륙 선교를 하기 위해 지리적으로 험한 토로스 산맥이 가로 놓여 있었고 험산 준령을 넘는 동안 강도의 위험과 홍수의 위험을 감당하여야만 하였다.

그러므로 이곳에서 바나바의 생질인 마가 요한이 중도 포기하는 돌변의 사태가 발생하기도 하였던 것이다. 한편, 내륙 지역의 선교는 그들에게 동족 유대인들의 많은 핍박이 준비되어 있었다. 비시디아 안디옥에서부터 반감을 가진 유대인들은 이고니온까지 와서 그들을 괴롭히고 이고니온과 루스드라에서는 핍박이 극심하여 바울의 목숨이 백척간두에 서게 되었다.

그럼에도 불구하고 그들은 각 선교지마다 제자들과 교회를 세워 나갔으며 더베를 지나 수리아 안디옥으로 돌아오는 길에는 선교지를 되돌아가 그들에게 용기를 주고 각 교회의 장로들을 택하여 말씀으로 권면하여 교회의 지도자로 세우고 격려하며 사역을 위임하는 선교사로서 헌신적인 자세와 선교 전략의 치밀함을 엿볼 수 있다(행 14:21-23).

구브로 지역에서의 사역(행 13:4-12)

바울과 바나바는 구브로에 있는 살라미의 유대인의 여러 회당에서 말씀을 전하였다(행 13:5). 그리고 바보에서는 거짓 선지자이자 박수 엘루마와 영적인 대결에서 승리하여 당시 구브로의 로마 총독이자 진리를 사랑하는 서기오 바울을 영적인 열매로 얻게 되었다(행 13:6-12).

◑ 소아시아 지역

• 소아시아 지역에서의 사역

바울 일행은 구브로를 떠나 지중해 해안 밤빌리아 지역에 있는 대도시 버가에 이른다. 그러나 그들은 이곳에서 선교적인 헌신이 불충분하였던 마가 요한이 예루살렘으로 떠나는 돌발적인 사태로 아픔을 겪게 된다. 버가를 지나 바울과 바나바는 비시디아의 안디옥의 유대인 회당에서 말씀을 강론하여 많은 사람을 얻었으나 다시 시기하는 유대인들로 인하여 하는수없이 그곳을 떠나 이고니온에 도착하였다(행 13:14-51).

이곳에서 바울 일행은 표적과 기사로 현지인들에게 은혜의 말씀을 전하여(14:3) 많은 자가 개종되었으나 반감을 가진 유대인과 헬라인들의 핍박으로 루가오니아 지역의 두 성 루스드라와 더베로 선교지를 옮기게 되었다(행 14:5 -6). 루스드라에서는 앉은뱅이가 일어나는 기적(행 14:8-9)을 행하여 찬사를 받았다.

한편, 안디옥과 이고니온에서 온 유대인들의 핍박자로 인하여 바울은 사경을 헤메었으나(행 14:19), 바울의 제자들의 도움을 받아 그곳을 탈출하여 더베에서 많은 사람들을 제자로 삼았다(행 14:20).

그는 1차 선교 사역을 마치고 수리아 안디옥으로 돌아오는 길에 지나온 선교 지역을 역으로 돌면서 각 교회 마다 장로들을 세우고 말씀으로 위로하며 격려하였다(행 14:21-27).

2. 제 2차 선교 여행

사도 바울의 제 2차 선교 여행은 바나바와 함께 소아시아의 갈라디아 지역 교회를 방문하고자 계획되었다. 그러나, 제 1차 선교 여행 시 이탈한 마가 요한의 일로 서로 헤어져 선교하게 된다. 그리하여 바나바는 마가 요한을 데리고 그의 고향인 구브로로 향하고 바울은 실라와 함께 수리아와 길리기아 지역을 지나 소아시아의 내륙 지역인 더베와 루스드라 지역에서 선교를 시작하였으나 그들은 이곳에서 신실한 사람으로 알려진 디모데를 만나 이방 선교의 동역자를 삼는다.

뿐만 아니라 바울의 선교 여행을 기록한 사도 행전의 저자 누가도 만나게 되었다(행 16:10-17 '우리'). 하지만, 이번에도 성령이 제 1차 선교 여행처럼 그들의 선교 여행지를 간섭하여 기독교의 복음을 소아시아에만 국한시키지 않고 유럽 지역인 마게도니아와 아가야 지역까지 확장시키고 있음을 볼 수 있다.

제 2차 선교 방문지 순서 (행 15:36-18:23)

1. 수리아 안디옥 ➡ 루스드라(행 15:40-16:1)
2. 루스드라 ➡ 드로아(행 16:6-8)
3. 드로아 ➡ 빌립보(행 16:6-8)
4. 빌립보 ➡ 데살로니가(행 16:40-17:1)
5. 데살로니가 ➡ 베뢰아(행 17:10)
6. 베뢰아 ➡ 아테네(행 17:14,15)
7. 아테네 ➡ 고린도(행 18:1)
8. 고린도 ➡ 에베소(행 18:18,19)
9. 에베소 ➡ 가이사랴 ➡ 예루살렘(행 18:21,22)
10. 예루살렘 ➡ 수리아 안디옥(행 18:22)

제 2차 선교 여행이야기

• 루스드라에서 디모데와 만나다(행 16:1-5)

사도 바울은 소아시아의 남부 루가오니아 지역의 두 성 가운데 하나인 루스드라를 방문하여 교회를 굳게 하였으며 믿음의 아들인 디모데를 이곳에서 만난다. 그는 바울의 1차 선교에서 개종되어 이 지역 교회에서 이미 칭찬받는 청년이 되어 있었다.

그러나 그의 부친은 헬라인이었고 모친은 유대인이었으므로 디모데를 선교 동역자로 삼은 바울은 이방 선교를 위해 그에게 할례를 행하였다

• 드로아에서 유럽 선교의 환상을 보다(행 16:6-10)

성령이 다시 바울의 선교 여행을 개입하고 있다. 바울 일행은 1차 선교 여행지였던 갈라디아 지역의 교회를 돌보고 주변 지역

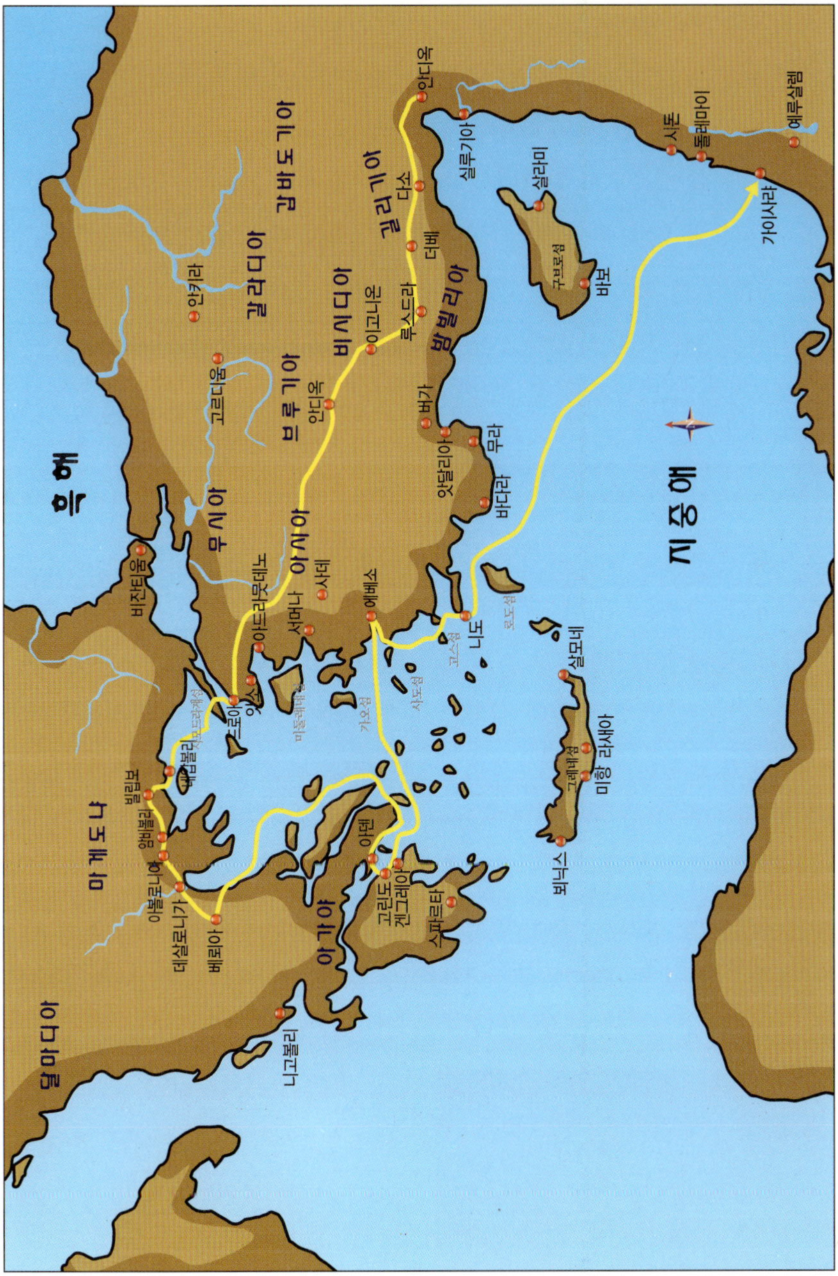

◑ 바울의 2차 선교 여행

인 무시아와 비두니아 지역을 가고자 했으나 이들의 선교 행선지를 막고 소아시아의 북서쪽 대 도시인 드로아로 인도하였다.

사도 바울은 이곳에서 유럽에 있는 마게도니아 사람의 환상을 보고 유럽 선교를 꿈꾸며 즉시 바다를 건너 빌립보 지역인 사모드라게와 네압볼리로 가서 선교를 시작하였다.

• **마게도니아의 선교(행16:12-40)**

빌립보는 사도 바울의 마게도니아의 선교의 중심지가 되었다(행 16:11,12). 바울은 이곳에 회당이 없었으므로 강가에서 소아시아에서 온 자색 옷감 장사인 루디아에게 복음을 전하여 온 가족으로 예수를 믿게 하고 그녀의 집을 교회로 삼아 빌립보 지역 선교의 거점으로 삼았다(행 16:13-15).

바울이 목회한 빌립보 교회는 그리스도 안에서 신실하고 사랑이 많은 교회였다(고후 8:1-5; 빌 1:5, 2:12, 4:1,14). 그러나 이곳에서 사는 악령에 사로잡힌 점치는 소녀를 고쳐준 사건으로 인해 바울과 실라는 감옥에 갇히게 되고 만다.

그러나 한 밤중에 찬미하고 기도했을 때 옥문이 열리고 간수가 회개하고 예수를 믿는 기적이 있었다(행 16:15). 바울 일행은 관원들의 요청으로 이 도시를 떠나게 되었다(행 16:16-40).

◑ 마게도니아 화폐

• **데살로니가에서의 선교(행 17:1-9)**

한편, 바울 일행은 빌립보를 출발하여 암비볼리와 아볼로니를 거쳐 마게도니아의 수도이자 자치 도시인 데살로니가에 도착하였다.

이곳에는 많은 유대인들이 거주하고 있었기 때문에 그들은 회당에서 3주에 걸쳐 복음을 전하여 많은 개종자를 얻게 되었다. 하지만 시기하는 유대인들이 야손의 집에 몰려와 핍박을 가하고 이들이 천하를 어지럽히는 자들이라 하여 관원들에게 송사하자 밤에 사도 바울 일행은 그곳을 출발하여 베뢰아로 향한다.

• **베뢰아에서의 선교(행 17:10-15)**

베뢰아 사람들은 말씀에 대하여 신사적이었다. 바울이 유대인의 회당에서 말씀을 전할 때 하나님의 말씀을 사모하고 태도가 온유하여 복음을 받아들이기에 마음이 열려 있었다.

이곳에서 유대인 뿐만 아니라 헬라인들이 복음을 받아들였다. 하지만 이곳에서도 멀리 데살로니가에서 온 유대인들의 소동으로 인하여 그곳을 떠나게 되었으나 실라와 디모데는 베뢰아에 머물게 되었다.

• **우상의 도시 아덴에서의 선교(행 17:16-34)**

우상과 철학의 도시인 아덴에서 사도 바울은 회당과 시장을 이용하여 복음을 전하였다. 당시 그가 논쟁한 철학자들은 에피쿠르스 학파와 스토아 학파였는데 그들은 바울의 사상을 더 듣기 위해 전쟁의 신 아레스에서 유래된 아레오바고 언덕에 그를 초대하였다(행 17:22). 바울은 그곳에서 하나님과 예수, 그리고 부활에 대한 설교를 하였으나 소수만이 그의 설교를 듣고 신앙을 갖게 되었다.

◑ 아덴의 원형극장

• 고린도에서의 선교(행 18:1-11)

고린도는 항구도시로서 아가야 지역의 수도이자 정치와 무역의 중심지였다. 그러므로 물질이 풍부하여 도덕과 윤리가 사라진 타락된 도시였다. 사도 바울은 이곳에서 본도 출신인 유대인 아굴라와 브리스길라 부부를 만나게 되었는데 그들은 로마 황제 크라우디우스(Claudius)가 로마에 거주하는 유대인들을 추방시킬 때 그곳을 떠나 고린도로 온 자들로서 바울과 함께 장막을 만들면서 신앙 안에서 교제하게 되었다.

한편, 이곳에서 사도 바울은 마게도니아에서 온 실라와 디모데와 합류하여 더욱 더 복음전파에 열심을 내었다. 그리하여 그들은 1년 6개월 간 유대인들의 핍박에도 불구하고 복음을 전파하여 하나님을 공경하는 디도 유스도와 회당장 그리스보 가족이 예수를 믿게되고 다수의 고린도인들도 예수를 알게 되었다.

◑ 고린도

• 에베소 방문(행 18:22)

바울 일행은 고린도를 떠나 겐그레아에서 배를 타고 에베소에 도착하였다. 에베소는 로마의 관할 지역 가운데 아시아의 수도로서 항구 도시이자 상업의 중심지였다. 한편 이곳은 유명한 아데미 신전이 있는 우상의 도시이기도 하였다.

바울은 2차 전도 여행시 브리스길라와 아굴라 부부와 함께 이곳에 도착하여 잠시 머물러 사역하였으나 3차 전도 여행시에는 3년간 이곳에 머물면서 선교 하였으며(행 19:8-10), 디모데를 감독으로 임명하여 에베소를 소아시아의 선교 본부로 삼고(딤전

1:3, 4) 주변 지역에 복음을 전하여 아시아에 복음이 흥왕하여졌다.

한편, 사도 요한은 말년에 이곳에 거주하면서 복음서와 서신서를 쓰고 바울의 선교지를 돕고 교회를 감독하였다. 431년에는 에베소 공의회가 이곳에서 모이게 되었고 네스토리우스에 반대하는 교회의 정통 교리를 확립하기도 하였다.

◑ 에베소의 고대 도시

3. 제 3차 선교 여행
(행 18:23-21:17)

사도 바울의 3차 전도 여행의 특징은 그가 방문한 선교지를 재 방문하여 말씀으로 교회를 굳게 하는 목회적인 사역이라 할 수 있다. 바울 일행은 육로로 소아시아와 유럽 지역을 두루 다니며 교회를 방문하면서 성도들을 말씀으로 굳게 하고 아시아의 수도인 에베소를 선교의 거점으로 삼아 이곳에서 3년간 머물면서(행 19장) 선교 동역자인 브리스길라와 아굴라 부부, 그리고 아볼로와 함께 주변 지역을 선교해 나갔던 것이 주목할 만한 것이다.

한편, 바울은 제 3차 선교 후반부에 안디옥으로 돌아가지 않고 예루살렘으로 가서 선교하다가 결박 당하여 로마로 압송되었다. 이 선교 여정은 가이사랴에서 시작하여 지중해의 소아시아 해안을 따라 여러 섬들을 지나 로마에 도착하는 여행이었다. 그는 로마에서 2년간 자유의 몸으로 그를 방문하는 사람들에게 복음을 전하다가 67년경 이곳에서 순교하였다.

제 3차 선교 방문지 순서

1. 수리아 안디옥 ➔ 갈라디아 ➔ 브르기아(행 18:23)
2. 부르기아 ➔ 에베소(행 20:1,2)
3. 에베소 ➔ 마게도니아 ➔ 고린도(행 20;1,2)
4. 고린도 ➔ 마게도니아 ➔ 드로아(행 20:3-6)
5. 드로아 ➔ 밀레도(행 20:13-15)
6. 밀레도 ➔ 로도 ➔ 파타라 ➔ 두로(행 21:1-3)
7. 두로 ➔ 돌레마이 ➔ 가이사랴 ➔ 예루살렘(행 212:7-15)

제 3차 선교 여행 이야기

• 에베소 선교 사역(행 19:1~41)

제 2차 선교 여행에서 바울의 선교 동역자인 브리스길라와 아굴라 부부, 그리고 아볼로의 선교로 다져진 에베소 지역의 선교는 사도 바울이 이곳에 머물러 본격적인 장기간의 선교로 꽃을 피우게 된다(1절). 하지만 에베소에 도착한 바울은 에베소에서 초기 선교사들이 가르친 말씀이 불완전한 것임을 알고 그들에게 성령 세례를 가르치고 다시 예수 그리스도의 이름으로 세례를 받게 하여 비로서 에베소 교인들은 성령의 무한한 은사와 은혜를 경험하게 되었다(행 19:1-7).

한편, 초기에 바울은 유대의 회당에서 복음을 전하였으나 그들의 반대로 장소를 옮겨 두란노 서원에서 약 2년간 복음을 전하여 에베소 뿐만 아니라 그의 말씀을 들은 자들이 타 지역에서도 복음을 전하여 복음이 소아시아의 여러 지역까지 확산되는 복을 얻게 되었다(행 19:9,10). 그러나 사도 바울이 에베소에서 이적(11-20절)을 행하며 성공적인 복음 사역을 한 이면에는 또 다른 영적인 전투가 있었는데, 당시 에베소 현지인들이 숭배하는 아데미 여신이 진정한 신이 아님을 알리자 이를 통해 이윤을 추구하던 세공업자들의 송사로 인하여 선교의 길이 막히고 다시 에베소를 떠나게 되는 어려움을 겪게 되었다.

◑ 에베소

• 마게도니아 지역과 헬라 지역에서의 선교(행 20:1-3)

바울은 에베소를 떠나 드로아에서 마게도니아를 거쳐 헬라 지역에서 사역을 하다가 다시 마게도니아로 돌아와 드로아에 이른다. 바울은 이 지역에서 선교를 하면서 고린도 교회의 문제를 해결하여야만 하였고 예루살렘 교회에 보낼 구제 헌금을 모금하였다(롬 15:25-27; 고전 16:1-4; 고후 8:1-9). 그리하여 그는 고린도전서를 기록하여 디도를 통하여 고린도를 방문하여 드로아에서 만나기로 하였으나 그를 만나지 못하자 다시 마게도니아로 가게 되었다.

한편, 빌립보에서 디도를 만난(고후 7:5-16) 바울은 고린도후서를 써서 그로 하여금 재차 고린도 교회를 방문하게 하였으며(고후 8:6-18) 마게도니아의 일루리온(롬 15:19)에 까지 복음을 전파한 후 고린

지중해
흑해
마게도냐
아가야
달마디아
아시아
무시아
브루기아
갈라디아
밤빌리아
길리기아
갑바도기아
니고볼리
고린도
겐그레아
스파르타
아덴
빌립보
데살로니가
베뢰아
네압볼리
사모드라게섬
드로아
앗소
기오섬
사모섬
고스섬
로도섬
버가모
에베소
밀레도
바다라
비잔티움
라오디게아
안디옥
이고니온
루스드라
더베
버가
다소
실루기아
안디옥
구브로섬
바보
살라미
그레데섬
두로
돌레마이
가이사랴
예루살렘
다메섹

◑ 바울의 3차 전도여행

도 교회에 오게 되는데(행 20:2) 이때는 고린도 교회의 문제가 해결 된 후 였다.

◑ 헬라 지역

그는 기쁜 마음으로 고린도 지역에서 3개월간 머물면서 기독교의 핵심인 로마서를 기록하였다(롬 16:23). 그 후 바울은 예루살렘 교회를 돕기 위해 구제 헌금을 가지고 일곱 명의 대표와 함께 수리아 안디옥으로 귀환하려고 하였으나 그를 살해하려는 유대인들의 계획을 듣고 다시 오던 길을 돌아 마게도니아를 거쳐 드로아로 돌아오게 되었다(3-6절). 마게도니아에서의 바울의 선교는 근심이 변하여 기쁨으로 바뀌었다.

빌립보에서 누가를 만나 드로아에 도착한 바울은 전에 전도로 얻어진 형제들에게 복음을 한밤중까지 전하였는데 그의 설교를 듣던 유두고라는 청년이 다락방에서 떨어져 목숨을 잃었으나 그를 안수하여 다시 살리는 기적을 행하고 날이 새도록 그의 설교는 계속되었다(7-12절).

이튿날 바울 일행은 드로아를 떠나 밀레도를 향한다. 먼저 그는 그의 일행을 배를 태워 보내고 앗소에서 다시 만나게 되었는데 바울은 도보로 약 40km나 되는 길을 홀로 걸어서 앗소로 가면서 예루살렘에서 당하게 될 환란과 자신의 사명을 재 다짐하는 영적인 준비의 시간을 가졌다.

• 밀레도에서의 바울의 고별 설교(행 20:17-38)

오순절까지 예루살렘에 도착하기 위하여 에베소를 방문하지 않은 바울은 밀레도에서 에베소 교회의 장로들을 초청하여 고별 설교를 하였다. 그는 선교사로서 에베소에서의 모범적인 사역을 회상하며(18-21절) 예루살렘에 가고자 하는 계획을 말하고(22-24절) 에베소 교회의 미래를 언급하고 교회를 잘 돌볼 것을 주문하였다(25-35절). 소아시아 서쪽 해안에서 행한 바울의 선교 여정은 다음과 같다.

드로아 → 앗소 → 미둘레네 → 기오 → 사모 → 드로굴리움 → 밀레도

• 바울의 두로와 가이사랴에서의 당할 환란에 대한 예언(행 21:1-16)

사도 바울 일행은 밀레도를 출발하여 코스와 로도-파타라를 거쳐 구브로 남단을

항해하여 두로에 도착하였는데 이곳에서는 그를 사랑하는 제자들이 바울이 예루살렘으로 가지 않기를 간청하였다. 하지만 그는 돌레마이를 들려 가이사랴에 입성하였다. 그곳에서도 아가보라 하는 예언자는 바울이 예루살렘에 도착하면 결박 당할 것을 예언하면서 말렸으나 그는 오히려 마음을 굳게 하고 예루살렘으로 향하였다.

◑ 두로

4. 바울의 로마 선교 여정(행 27)

바울이 예루살렘에 도착한 때는 A.D. 57년 경이었다. 그는 그곳에서 소아시아에서 온 유대인들의 소요로 인하여 붙잡혀 가이사랴에 있는 벨릭스 총독에게 보내지고 2년간 가이사랴 감옥에 투옥되었다.

2년 후 베스도가 총독이 되었을 때 그는 로마 황제 시이저에게 상소하여 죄수의 몸으로 로마로 향한다. 그의 로마로 가는 선교 여정은 베니게와 소아시아의 남쪽 해안을 따라 지중해를 거쳐 이탈리아에 도착하여 육로로 로마에 입성하였다. 한편, 로마에서 바울은 유대인들을 초청하여 약 2년간 복음을 전하였는데 바울의 서신서는 그가 감옥에서 풀려나자 잠시 서바나 지역에서 선교하였음을 언급하고 있다. A.D. 67년경 바울은 네로 황제의 박해 기간에 재차 로마로 돌아와 복음을 전하다가 순교하였다.

바울의 로마 선교의 방문지 순서

1. 예루살렘 ➡ 가이사랴(행 23:31-32) ➡ 시돈(행 27:2-3)
2. 시돈 ➡ 구브로와 소아시아의 남쪽 해안 길리기아와 밤빌리아를 지나 무라에 도착(행 27:4-5)
3. 무라 ➡ 그레데 ➡ 미항(레세아)(행 27:6-8)
4. 그레데 ➡ 멜리데(행 27:13-28:11)
5. 멜리데 ➡ 수라구사(행 28:12)
6. 수라구사 ➡ 레기온 ➡ 보디올(행 28:13)
7. 보디올 ➡ 육로로 로마로 입성(행 28:15,16)

• 바울의 예루살렘 방문(행 21:17-23:30)

A.D. 57년경 바울은 예루살렘에 도착하였다. 그러나 그는 이곳에서 소아시아에서 온 유대인들의 소요로 인하여 잡히게 되었

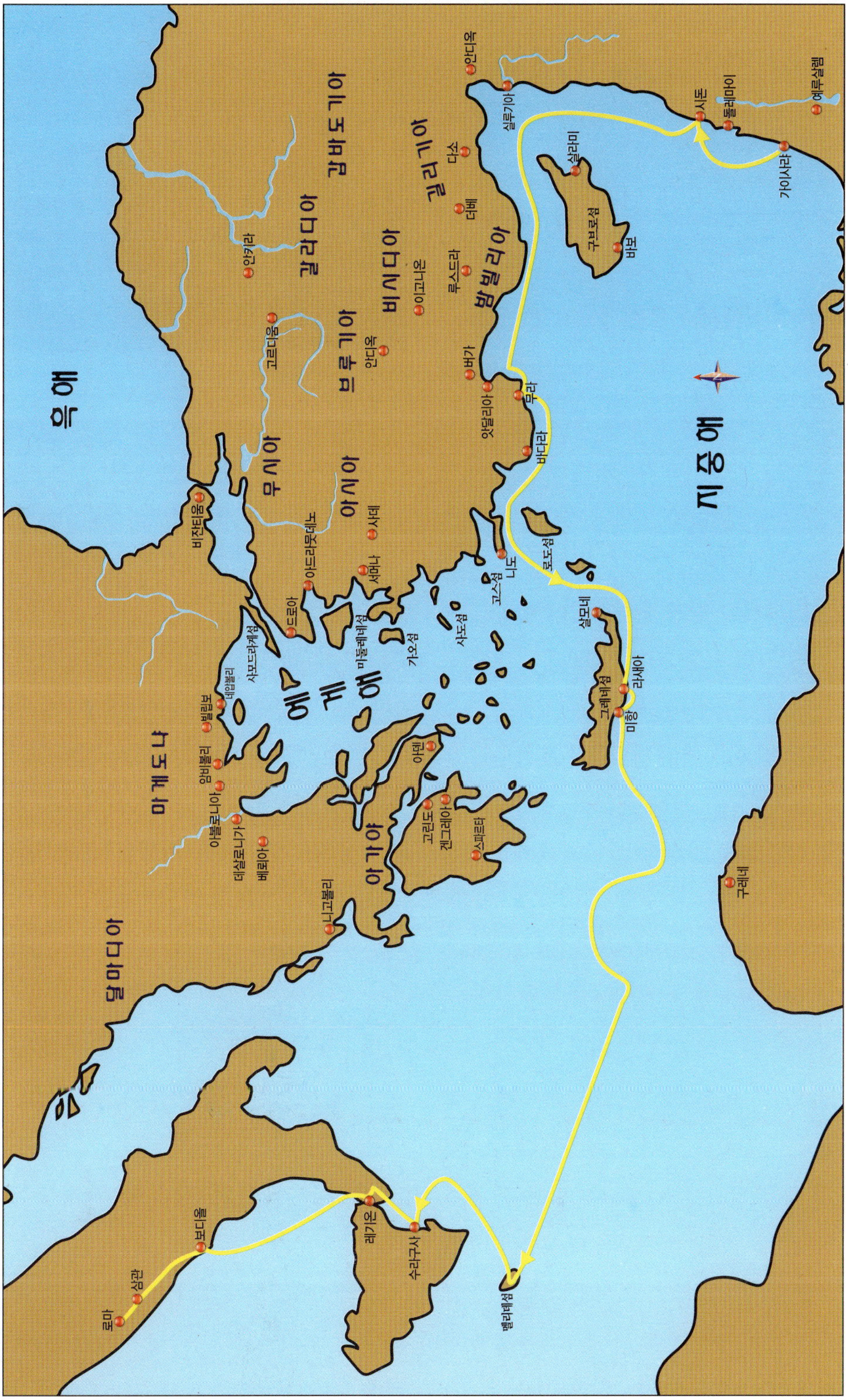
흑해
지중해
에게해
마게도냐
아가야
달마디아
갈라디아
갑바도기아
길리기아
밤빌리아
비시디아
브루기아
아시아
무시아
로마
보디올
레기온
수라구사
멜리데섬
구레네
미항
라새아
그레데섬
살모네
로도섬
니도
고스섬
무라
바다라
앗달리아
버가
구브로섬
살라미
바보
시돈
돌레마이
가이사랴
예루살렘
실루기아
안디옥
다소
더베
루스드라
이고니온
고린도
겐그레아
스파르타
아덴
니고볼리
데살로니가
베뢰아
아볼로니아
암비볼리
빌립보
네압볼리
사모드라게섬
드로아
아드라뭇데노
서머나
사데
비잔티움
고르디움
앙키라
미둘레네섬
사모섬
기오섬

◑ 바울의 로마 선교 여행

다. 바울을 보호하던 사령관은 그를 산헤드린에서 심문하려 하였으나 바리새인들과 사두개인들의 소요로 인하여 그를 가이사랴에 있는 벨릭스 총독에게 보내지고 바울은 2년간 가이사랴 감옥에 투옥되었다

• 가이사랴에서의 투옥(행 23:26~32)

로마의 총독 벨릭스는 바울의 무죄함을 알고 재판을 지연하며 약 2년간 그를 가이사랴 감옥에 감금시켰다. 그 후 베스도가 총독이 되자 바울은 로마 황제 가이사에게 상소하여 로마로 가기로 결정한다. 그때 그는 아그립바 왕에게 복음을 전하는 기회도 얻게 되었다(행 26:24-32).

• 바울의 로마 여행(행 27:1-28:15)

바울은 가이사랴에서 로마 황제 시이저에게 상소하여 죄수의 몸으로 로마로 향한다. 그의 로마로 가는 선교 여정은 베니게와 소아시아의 남쪽 해안을 따라 지중해를 거쳐 이탈리아에 도착하여 육로로 로마에 입성하는 여정이었다. 그러나 그가 로마로 가는 길은 평탄하지 않았다. 지중해의 유라굴로라는 광풍을 만나 보름이나 바다에서 표류를 하고 가까스로 멜리데 섬에 이르게 된다. 또한 이곳에서 독사에게 물렸으나 해를 입지 않고 열병과 이질을 앓고 있는 보블리오의 부친을 고쳐 복음을 전할 기회를 얻었다(28:1-10).

◑ 로마의 콜로세움

• 바울의 선교(행 28:16~31)

3개월 후에 바울 일행은 시라구사와 레기온을 거쳐 육로로 로마에 도착하였다. 로마에서 그는 다른 죄수들과 달리 비교적 자유인의 몸으로 유대인들을 초청하여 약 2년간 복음을 전하였으며 바울의 서신서는 그가 감옥에서 풀려나자 잠시 서바나 지역에서 선교하였음을 언급하고 있다. A.D. 67년경 바울은 네로 황제의 박해 기간에 재차 로마로 돌아와 순교하였다.

5. 초대 교회사에서 이방선교를 주도한 수리아 안디옥 교회

안디옥 역사와 지리적 위치

현재, 터키의 남부 하타이(Hatay)주의 중심에 위치하고 있는 안디옥(Antioch 오늘날 터키의 안타키야라고 불리우는 도시)은

역사적으로 셀류키드 왕조(BC312-64)의 최고의 통치자인 셀류쿠스1세 니카토르(Seleucus I Nicator)에 의해 BC 300년경에 건설된 고대 도시로서 그의 부친 안티오쿠스(Antiochus)의 이름을 따서 명명되었다. 당시 셀류키드 제국의 수도로서 안디옥은 주요한 성읍으로 급속하게 발전하였고, BC 64년 수리아가 로마의 속주가 되었을 때 이곳은 행정의 중심지이자 로마에서 파견한 관리들의 거주지였다. BC 25년 이 도시의 동부에 위치한 길리기아가 수리아에 병합된 후에도 안디옥은 지속적으로 수도의 역할을 하였으며, 1세기 로마제국 내에서는 로마와 알렉산드리아 다음으로 큰 성읍이자 격자모양을 한 안디옥은 도로 정비가 잘 되어 있던 고대 도시이기도 하였다.

로마의 황제들 가운데 율리우스 시이저(Julius Caesar), 아우구스투스(Augustus), 티베리우스(Tiberius)는 이 도시를 확장하고 도시를 아름답게 꾸며 '동방의 여왕' 이란 이름에 걸맞게 문화적인 도시가 되게 하였으며 1세기에 헤롯 대왕은 수요 간선도로 양쪽에 석주를 세우고 대리석으로 도로를 장식한, 높은 수준의 구조물을 가진 도시로 만들었다.

또한, 안디옥은 교통의 중심지에 위치하고 있었다. 이 도시는 지중해 해안의 셀류키아 피에리아(Seleucia Pieria) 항구의 상류 약30km에 위치하고 있었으며 내륙과 해안을 잇는 정치적인 중심지이자 상업의 중심지였다. 이 도시를 통해서 팔레스틴과 소아시아와 그리스 반도 지역이 만나는 교통의 요지 선상에 위치하고 있었다. 그러므로 수리아에서 생산되는 농산물은 교통의 요지인 안디옥을 거쳐 지중해 도시들로 보내졌고, 또 그리스와 로마 그리고 동방 세계와 접하는 지역에 위치하고 있었기 때문에, 지리적으로 안디옥은 헬라의 다른 어떤 도시들보다 더 다양한 인종과 문화가 어우러진 국제적인 도시였다고 할 수 있다.

허버트 케인(J. Herbert kane)은 초기 기독교 교회는 로마제국이 만들어 놓은 큰 도로와 강을 타고 확산 되었다고 말한다. 그러므로 로마제국 내에서 초기 기독교는, 고대로부터 잘 발달된 정치적인 중심지이자 무역의 중심지로부터, 군사적으로 타민족을 정복하기 위해 로마인들이 만들어 놓은 큰 도로를 타고 쉽게, 그리고 빠르게 전해질 수가 있었던 것이다.

1세기에 쓰여진 사도 베드로의 서신에서, 기독교복음의 전도와 함께 멀리 소아시아의 대도시에 각기 흩어져 신앙생활을 하는 그리스도인들을 격려하는 편지를 통하여, 이미 기독교가 얼마나 빠른 속도로 이 도시를 중심으로 해서 확산되었는지를 이해할 수 있도록 소개하고 있다.

"예수 그리스도의 사도 베드로는 본도, 갈라디아, 갑바도기아, 아시아, 비두니아, 각 지방에 흩어져 사는 유대인성도들에게 편지 합니다"(벧전1:1). 사도 베드로를 통해 열거된 도시들은 사도 바울 일행이 안디옥을 통해 소아시아에 복음이 전파 된 곳으로서, 그는 그 지역에서 흩어져 믿음을 가지고 생활하는 자들을 그리스도의 사랑으로 위로하고 격려하기 위해 편지를 쓰고 있음을 알 수 있다.

◑ 마가의 기념교회

한편, 요세푸스는 기독교 시대의 초기에 유대교로 개종한 사람들이 특히 안디옥에 많았다고 하였다. 그들 가운데 니골라는 기독교로 개종한 사람이었으며 예루살렘 교회에서 헬라파의 지도자들 중에 한 사람임을 사도행전은 언급하고 있다. 지리적으로 안디옥은 동양과 서양을 연결해 주는 도시에 위치하고 있었으므로 이 국제적인 도시에서 이 교회의 신자들은 다문화적인 요소와 다양한 인종들을 통해 국제적인 감각을 익혔을 것이다. 하지만 그들이 이러한 다문화권속의 국제도시에 살면서 초대교회 당시 예수그리스도의 부활 이후 그리스도의 빠른 재림을 고대하며 지상에서의 남은 시간을, 이방 세계에 복음을 전하는 선교적 사명으로 인식하고 기독교 복음을 전 세계에 확장 시키고자 하는 거룩한 꿈을 가졌다는 사실은 어떻게 보면 매우 특이한 현상이라고 할 수 있다. 그들은 예루살렘에서 핍박을 받아 안디옥에 흩어져 피난민으로 살아가던 소수 기독교 공동체이었음에 틀림없다. 그러므로 비록 지리적으로 복음 전도를 위한 천혜의 자연적인 조건이 있었다 할지라도 그들에게 이방 세계에 대하여 복음을 전하고자하는 선교적인 정신이 없었다면 그 꿈을 실현할 수 없었던 것이 명백하다. 그러한 의미에서 이방 선교를 위해 영적으로 성숙하고 준비된 그들의 삶의 모습은 복음전도를 위한 열심과 지리적인 환경이 서로 잘 어우러져 초대교회에 주님의 지상명령을 수행하는 세계를 품은 그리스도인이 되게 한 것으로 보인다.

복음서는 예수 그리스도의 초림을 통한 구속 사역의 성취로 인해, 천국이 본격적으로 도래하기 시작하였다. 그러나 예수 그리스도의 승천 이후, 누가는 사도행전에서 예수 그리스도의 재림을 기다리는 그리스도인들에게 임박한 재림을 기다리지 않고 오랜 시간을 기다릴 수 있는 길을 열어놓았다. 누가복음에서 예수 그리스도의 승천이 예수 생애의 마지막을 묘사하는 반면, 사도행전 1장에서는 교회의 시작을 보여주고 있다. 또한, 사도행전은 오는 세대의 역사를 통하여 모든 민족이 예수 그리스도의 복음을 듣고 회개하여 구원을 얻을 충분한 시간을 주기 위하여 구속 사역이 완전히 도래하지 않았음을 보여주고 있다. 그러므로 초대 그리스도인들은 이방세계에서 그리스도인으로 살면서 예수 그리스도의 재림만을 기다리며 살았으나, 당장 오시지 않는 예수를 생각하며, 그들이 만난 예수에 대한 복음을 주변 사람들에게 나누었을 것이다. 이러한 맥락에서 예수의 재림에 대한 기다림 속에 안디옥 교회 신자들은 당시 그들이 지상에서의 남은 생활을 지혜롭게 하나님이 주신 거룩한 선교적인 꿈의 성취로 보고 예배와 금식을 통해 영적인 준비를 해 가며 마침내 기도하는 중에 성령의 음성을 듣는 순간, 그 음성에 순종하여 안디옥 교회에서 자신들을 지도하던 영적 지도자인 바울과 바나바를 이방인의 선교사로 보내기로 결단하였던 것이다. 그들은 예루살렘의 기독교 공동체와는 달리 타 문화권에 사는 자들에 대하여 폐쇄적인 입장을 취하지 않고, 오히려 자신들에게 주어진 다양한 기회를 신용하여 이방지역에서 복음을 전파할 수 있었던 영적인 눈이 열린 자들이었음이 분명하다.

안디옥 교회의 설립과 배경

사도행전의 저자 누가에 의하면 최초로 안디옥 지역에서 신앙의 공동체를 이룬 사람들은 예루살렘에서 피신한 헬라파 사람들과, 안디옥에서 가까운 구브로(Cyprus)와 구레네(Cyrene)가 고향인 사람들이었다고 하였다. 그들은 예루살렘에서 피신한 사람들로서 헬라어를 사용하여 자신이 가진 신앙을 헬라어를 사용하는 유대인들에게 열심히 전파하였다. 또한 그들은 비록 타 지방 사람들이긴 하지만 구브로와 구레네 출신의 사람들이 안디옥에 왔을 때 자기들이 믿는 신앙과 함께 할 수 있다는 생각을 품고 있었으며, 실제로 복음을 들은 그들 중 다수는 기독교의 복음을 환영하였다. 부르스(F.F. Burus)는 그들이 기독교를 수용하게 된 동기는 그리스도가 다른 제의 속에 나오는 구원자와는 달리 인간의 몸을 입고 성육신하신 하나님이 세상에서 인류를 구원하기 위해 모든 굴욕과 죽음을 받아들이시고 하나님의 뜻에따라 승리의 부활을 하여 모든 피조물 위에 뛰어난 '주님'(빌 2장)이란 사실을 전하였기 때문일 것이라고 말한다.

한편, 1세기 안디옥에서는 예수를 추종하는 자들을 "그리스도인"이라 부르게 되었다 당시 헬라어를 사용하는 유대인들은 예수를 그리스도라 부르지 않았다. 그들은 그리스도(히브리어로 '메시아'는 헬라어로 '그리스도'라고 번역하며 '기름부음 받은 자'란 뜻이다.)를 하나의 직함으로 사용하였으므로 예수를 '그리스도' 라고 부르는 것은 그를 메시야로 인정하는 것과 다름이 없었다. 뿐만 아니라, 이곳에 사는 이방인들에게는 유대인들과 달리 그리스도라는 이름이 생소하게 들렸을지 모르지만, 그곳에서 예수를 따르는 제자들은 담대히 자신을 그리스도인이라 불렀는데 이는 기독교를 모르는 이방 지역에 그리스도의 복음을 알리기 위한 중요한 방법으로 보인다. 그것은 아직 그들이 들어보지 못한 종교와 그것을 따르는 자들의 삶을 면밀히 살펴보았을 것임에 틀림없기 때문이다. 그러므로 안디옥에 사는 초대 그리스도인들은 알게 모르게 그리스도인으로 살면서 그리스도의 복음을 전하게 되었는데, 특히 누가는 그리스도인으로서 안디옥 교회의 지도자인 바나바의 인격을 소개할 때 그가 "믿음과 성령이 충만한 착한 사람"19) 이라고 표현한 것은 초기 기독교인의 신앙과 생활이 이방 세계의 복음전도를 위해 얼마나 중요한 영향력을 가져다 주는지를 간접적으로 시사해 주고 있다고 말할 수 있다.

실제로 필자는, 복음을 전하기가 어려운 이슬람권 지역에서 장기간 사역한 선교사로서 다년간의 경험을 통해, 기독교를 전혀 알지 못하고 기독교를 적대시하는 오늘날의 이방 지역에 복음을 전하기 위해서는, 먼저 그 지역에 사는 주변 사람들과의 대화의 통로를 만들어야 한다. 그러기 위해서는 먼저 사역자가 이웃에게 선한 사람으로 인정되어야 함을 알게 되었다. 선교사로서 자신이 가지고 있는 신앙만큼 중요한 것이, 주변 사람들에게 복음을 쉽게 접할 수 있도록 하는, 사역자로의 인격이라는 것이다. 현지인들에게 착한 사람으로 비춰지는 사역자들의 성숙한 삶의 모습을 통해 시간이 지남에 따라 조심스럽게 기독교를 모르는 현지인들이 쉽게 마음의 문을 열고 기독교를 받아들일 수 있게 되는데, 초대 교회에 이방 세계에서 바나바의 착한 성품이야말로 안디옥에 사는 주변 사람들이 기독교인들을 이해하고 복음을 쉽게 받아들일 수 있는 복음전도의 통로가 된 좋은 기회가 되었을 것이다. 그러므로 그리스도인의 향기로운 삶의 모습은 외부인들을 교회로 끌어들이는 강력한 자석과 같은 것이다. 한편, 복음이 이방인들에게 급속하게 전파되었다는 소식이 예루살렘교회에 알려지자 그들을 살피기 위해 안디옥에 사절을 보냈다. 사실 이 곳에서 기독교의 급속한 확장은 예루살렘 교회에게는 당혹스런 일이 될 수 있었다. 그것은 이방 지역에 기독교가 빠른 속도로 전파되고 있으나, 다신교의 배경을 둔 이방인들이 기독교로 비록 개종하였을지라도 종교 혼합주의란 엄청난 재앙을 불러올 수 있으리란 우려 때문이었다. 다행히 그들을 살피고 감독하기 위해 보낸 자는, 사도들에게 인정을 받고 평판이 좋으며 남을 위로하고 권면하는 일을 잘한 바나바를 보내게 되었다. 그는 안디옥에 이르러 이곳에서 일어난 결과를 보고, 오히려 하나님의 은혜를 느끼고 기뻐하며 그곳에 머물면서 헬라파 유대인들을 격려하였다. 이것은 교회의 지도자들의 영적인 안목이 얼마나 중요한 것인가를 보여주는 좋은 본보기라 할 것이다. 그러므로 안디옥 교회의 신자들은, 그리스도인으로서 이방세계에서의 모범적인 생활과 예루살렘에서 감독자로 온 바나바의 열린 마음과 그의 위로와 격려를 통해 짧은 시간 안에 교회가 급성장 할 수 있는 계기가 되었다. 그리고 이 교회 안에는 유대인 신자뿐 아니라 다양한 이방인 신자들이 합류하여 국제적인 교회가 되었다.

안디옥 교회의 다양성과 일치

안디옥 교회는 다문화권속에서 각각 다른 인종이 연합한 국제적인 교회이다. 누가는 사도행전 13장 서두에 안디옥 교회의 지도자적인 위치에 있었던 다섯 명의 사람들을 소개하고 있다. 그들은 먼저 바나바가 소개되고 니게르라 하는 시므온, 구레네 사람 루기오, 갈릴리 지방 통치자인 헤롯과 함께 자란 마나엔, 그리고 바울이었다. 이들은 이 교회에서 성령의 능력을 힘입어 선지자의 역할을 하고 가르치는 은사를 받아 말씀을 연구하고 그 깨달음을 통해 교사로서 신자들을 가르쳤던 자들이다.

◑ 수리아 안디옥

하지만, 여기서 우리는 이 교회의 지도자적인 위치에 있는 사람들이 모두 다른 연령과 각기 다른 배경을 가진 자들임을 주목할 필요가 있다. 먼저, 여기서 순서적으로 바나바의 이름이 가장 먼저 소개되어 있고 바울이란 이름이 맨 마지막에 소개된 사실이다. 이는 바나바가 숫자적인 나이와 신앙 연륜이 바울보다 더 오래되었기 때문이거나 아니면 당시에는 아직 바나바가 바울보다 지도자적 위치에 있었거나 중요한 인물로 보았기 때문이라고 할 수 있다(헬라어에서는 중요한 문장에서 가장 중요한 두 단어를 한 문장의 처음과 나중에 둔다).

이제 좀 더 구체적으로 사도행전에 소개된 인물들을 살펴보기로 하자. 전장에서 이미 살펴본 바와 같이 남을 위로하고 권면하기 좋아하는 바나바는 성품이 착한 유대인으로서 레위지파에 속한 자이며 구브로 섬 출신이자, 초기에 기독교로 개종하여 자기의 소유를 팔아 그 값을 예루살렘 교회의 지도자에게 바쳐 가난한 형제들을 위한 구제를 위해 사용하게 했던 인물이다. 그는 길리기아의 다소에서 사역하는 사도 바울을 찾아가 수리아 안디옥에 데려와 교회의 지도자로 세우고, 예루살렘의 사도들에게 데리고 가서 바울이 어떻게 예수를 만나게 되었는지에 대하여 변호함으로써 그들의 의심과 두려움을 제거해 주었던 매우 관용적이고 용기 있는 사람이었다.

그러므로 바나바는 예루살렘 교회의 중진 지도자 이었음에도 불구하고 자기보다 위대한 바울을 등용하기를 주저하지 않았던, 마음이 넓은 사람이었다. 한편, 두 번째로 교회의 지도자급에 있었던 '니게르'라는 '시므온'은 로마식 이름과 유대식 이름이 결합된 형태이다. 그의 이름 가운데 붙여진 '니게르'는 흑인(Negro)란 뜻으로 주석가 스피타(Spita)는 그가 예수의 십자가를 진 구레네 시몬(눅 23:26)이라고 주장하나 확실한 증거가 없다. 또한 주석가 알퍼드(Alford)는 그가 아프리카 출신의 유대인 개종자라고 보는 것이 바람직하다고 주장한다. 루기오는 안디옥에서 처음으로 복음을 전했던 구브로와 구레네 사람들 가운데 있었을 가능성이 있다(행 11:20-21). 한편, 럼비(Lumby)는 구레네 사람 루기오는 바울의 친척 누기오(Lucius 롬 16:21)로 보고 있으나 확실치 않다. 다음으로 갈릴리 지방의 통치자인 헤롯과 함께 자란 마나엔은 분봉왕 헤로데 안티바스와 매우 친밀한 '젖동생'으로 언급되었다. 다이스만(Deismann)은 젖동생이란 궁중에서 왕자와 함께 양육되었던 특정한 젊은이에게 부여되었던 경칭으로서 이들은 성장 후에도 이 호칭을 사용하였다고 한다. 마지막으로 언급된 바울은 유대인이자 베냐민 지파에 속한 자로서 길리기아의 다소 성 출신이었다. 그는 초기에 예루살렘의 뛰어 난 율법학자 가말리엘 문하에서 율법을 배웠으며 유대인으로서 로마 시민권을 가진 자이다. 그는 스데반의 순교 때 이를 찬성한 기독교의 핍박자였으나, 다메섹에서 예수 그리스도를 만나 회심한 자가 되어 다소에서 복음을 전하다가 바나바에 의해 안디옥 교회의 교사로서 지도자가 된 자이다. 그러므로 안디옥 교회의 지도자급에 있는 다섯 명의 선지자와 교사들은 인종, 배경, 출신, 고향이 서로 달랐음을 알 수 있다. 어떻게 보면 그들이 가진 다양한 삶의 배경은 그들로 하여금 교회 공동체 안에서 서로 쉽게 일치될 수 없도록 한 요소들이었을 것이다.

그러나, 그들은 이러한 외적인 다양한 환경적 요소들을 극복하고 다양성 속에서도 일치를 이끌어내어 훌륭한 교회로 이루어 갔다. 그렇다면, 그들 서로를 하나가 되도록 한 것은 무엇인가? 그것은 하나님 나라를 바라보며 예수 그리스도의 구원의 기쁜 소식 안에서 서로 깊은 교제가 있었기 때문이라고 볼 수 있다. 만일 그들이 세속적인 교제와 성장 자체가 목적이 되었다면 서로간의 팽팽한 경쟁의식과 폐쇄성, 그리고 제도주의적인 함정에 빠져버렸을 것이다. 칼스 반 엥겐(Charles E. Van Engen)은 하나님 나라를 비교하여 그 관계성을 연구하였는데, 그는 "교회란 왕이신 삼위일체 하나님의 다스림을 받는 성도의 공동체이자, 왕의 통치의 중심적인 장소이며, 교회의 사명은 왕의 통치에 대한 지식을 확산시키는 일이라고 하였다." 안디옥 교회는 지도자급에 속한 자들이 서로의 다양한 배경에도 불구하고 하나님의 다스림 속에서 서로 다른 배경과 문화와 독특한 성격을 극복하고, 그리스도 안에서 하나로 일치하여 사랑과 거룩한 소망으로 교제함으로서 이방 선교를 하기 위한 준비된 교회라고 할 수 있다.

안디옥 교회의 협력 정신

사도 바울 일행은 제1차 선교여행을 온전히 수행하고 안디옥 교회에 귀환하였다. 그들은 안디옥에 도착하여 교회를 모아, 하나님이 자신들과 함께 행하신 모든 것들과 이방인들에게 믿음의 문을 여신 것을 보고하였다(행 14:27). 누가는 바울이 선교사역을 마친 후 귀환하여 보고한 내용을 매우 압축하여 묘사를 하고 있으나 그 안에는 구체적이고도 다양한 요소를 담고 있다. 그들은 1차 선교 여행을 통해서 하나님이 어떻게 이방인들에게 복음의 문을 여셨는지를 다양하고 구체적으로 목격하고 경험하였다. 이미, 누가가 사도행전13,14장에서 소개 한 것처럼 그들은 안디옥을 떠나 구브로에서의 박수무당 엘루마와의 영적전투, 유력한 로마 총독의 회심과 버가에서의 동역자 마가 요한과의 결별, 비시디아 안디옥과 이고니온의 회당에서 설교한 후 유대인들의 시기와 비방, 선동, 그리고 추방을 경험하고 루가오니아의 두 도시 루스드라와 더베에서 받은 생사의 갈림길에서 있었던 핍박과 귀환 길에 각 교회의 장로들을 선택하여 위로와 격려하는 등 현지에서 선교하면서 다양한 경험을 하였던 것이다.

하지만, 여기서 흥미로운 사실은, 누가는 바울 일행이 선교 보고를 하였을 때 그들이 행한 제1차 선교가 온전한 승리였다고 평가하지 않았으며 이 보고를 듣고 안디옥 공동체가 하나님을 찬양했다는 기록도 없다는 사실이다. 누가는 이 선교를 통해 어떠한 성과나 승전보 보다는, 복음이 이방인에게 열렸다는 사실에 초점을 맞추고 있다. 그는 선교의 승리가 개인과 교회의 승리에 초점을 맞추기보다 하나님에게 초점을 맞추는 것이 얼마나 중요한가를 보여주고 있다. 만일, 그들의 보고가 인간에게 초점이 맞추어 질 때 초대 교회의 선교 행전이 사도들만을 미화시키고 돋보이게 할 수 있는 영웅전으로 비화할 수 있기 때문이었을 지도 모른다. 그럼에도 불구하고 누가는 선교가 하나님이 주역이 되었으나, 이 사역은 안디옥 교회의 신자들과 그들이 파송한 사도들과 '함께' 한 공동의 활동이었다고 말한다.

안디옥은 초기 선교사들의 출발지이자 도착지였다. 그들은 제1차 선교여행(행 13:3-14:27) 뿐만 아니라, 제2차(15:30-18:22), 제3차 선교여행(18:23-20:3)에서도 안디옥으로 돌아와서 그곳을 다시 새 출발지로 삼았다. 그렇다면, 그들은 왜 안디옥으로 돌아오게 되었을까? 그리고 그러한 이유는 무엇인가? 이러한 생각은 안디옥 교회를 연구하며 우리에게 호기심을 유발하게 하기에 충분하다. 먼저, 그들은 안디옥이 가진 지리적, 종교적 중요성을 인식하여 안디옥을 기독교 선교의 거점으로 삼았을 만하다. 그러나 이러한 주장도 일리는 있으나 더 중요한 사실이 있다면, 그것은 이방 선교지로 나갔던 바울 일행이 안디옥 교회와 선교의 교감을 갖고, 더욱 긴밀하고 유기적인 관계로 끈끈하게 맺어졌기 때문에 안디옥 교회를 선교의 출발지와 종착지로 정한 것으로 보인다. 선교를 위해 그리스도 안에서 서로 사랑하며 하나님 나라를 위해 동역자된 그들의 관계는 선교를 계속적으로 하게 하는 새로운 힘의 원동력이 되었으며, 결국 이러한 굳건한 신뢰를 바탕으로 이방 선교는 훨씬 더 큰 탄력을 받게 될 수 있었을 것이다.

어느 선교학자는, 한국선교사들 중에 다수의 선교사들이 선교하면서 실망과 실패를 경험하게 되는데 그 주요 이유는 그들이 협력과 동역을 이루지 못하였기 때문이라고 지적한다. 그는 선교를 위해 지교회 안에서의 조화로운 파트너십을 주장하는 가운데 1세기 안디옥 교회의 신자들과 선교사들은 그리스도안에서 교제와 동역의 좋은 본을 보였다고 하였다. 그러면서 그는, 선교사와 교회간의 좋은 파트너십을 위해 두 가지를 제안하였는데, 하나는 하나님 앞에서의 동등성을 제안한다. 즉, 진정한 파트너십은 단지 주고받고 또는 돕고 구하는 관계가 아니라, 동반자의 관계에서 서로를 받아들이며 하나의 공통적이고 높은 사역을 수행하기 위해 동등한 수준에 도달할 때에 이루어진다고 하였다. 그는 조화로운 파트너십을 위해 겸손을 말하고 있다. 그는 선교하면서 일어나는 선교사와 교회간의 불일치와 부조화는 원리의 부족에서 오는 것이 아니라 인격의 부족에서 발생한다고 보고 있다. 그러므로 그는 교만함과 미워함, 그리고 자기중심적인 관계는 좋은 파트너십을 이룰 수 없다고 주장하였다.

바울은 그의 제1차 전도여행을 마치고 (주후 49년경) 안디옥 교회의 제자들과 따듯한 사랑의 교제를 나누며 오랫동안 편안한 휴식을 취할 수 있었다(행 14:28). 그리고 안디옥에 머물면서 선교지에 있는 사랑하는 성도들을 향해, 사랑과 격려와 위로와 교훈적인 긴 편지를 썼다. 그가 쓴 편지 가운데 하나는 갈라디아서로 추정된다. 바울이 갈라디아 지역에 편지를 쓴 것에 대하여는 몇 가지의 이론이 있으나, 대부분은 이고니온과 루스드라, 더베 가 그 서신서의 일부이었을 것이라는데 동의하고 있다. 그러므로 선교사를 파송한 안디옥 교회나 파송 받은 선교사들은 그리스도안에서 성숙한 동역자의 관계를 가짐은, 그들이 다음 선교를 위해 준비할 수 있는 충분한 안정을 가져다주었고 또한 그들이 이 교회에서 말씀으로 함께 교제함은, 영적으로 재충전할 수 있는 기회를 얻게 하였다. 안디옥 교회는 선교사가 휴식을 취할 수 있는 안식처로서, 그리고 이방 선교를 위한 전진 기지로서 충분한 준비가 되어 있는 교회였다. 그들이 가진 이러한 성숙한 자질은 하나님이 역사적으로 이 교회를 사용할 수 있었던 좋은 근거가 되기에 충분하였다.

20세기부터 선교지에는 정치적, 사회적, 그리고 종교적으로 급진적인 변화가 일기 시작하였다. 그렇다면, 이러한 다양한 변화 속에서 선교를 보다 더 효과적으로 하기 위해 교회와 선교사들이 상호협력하고 연합하는 일은 선교의 성공적인 수행을 위한 사활이 걸린 문제라 할 수 있다. 그러한 의미에서 파송 선교사들이 돌아와 선교지에 있었던 일을 함께 나누고 고민하며 그리스도안에서 하나가 되고 인격적인 만남과 쉼을 통해 다시 사역지로 떠나기 위한, 영적으로나 물질적으로 충전소 역할을 하였던 안디옥 교회의 성숙한 모습은 오늘날의 선교하는 교회나 선교에 관심을 가진 교회들이 성서 속에서 선교 신학을 정립하기 위한 좋은 패러다임으로서 주목할 필요가 있는 교회라고 본다.

◑ 바울 기념교회

요한 계시록의 일곱 교회

◑ 에베소 교회

◑ 서머나 교회

◑ 버가모 교회

◑ 두아디라 교회

◑ 빌라델비아 교회

◑ 사데 교회

◑ 라오디게아 교회

III 요한 계시록의 일곱 교회들

1. 사도 요한과 밧모 섬

"나 요한은 너희 형제요 예수의 환난과 나라와 참음에 동참하는 자라 하나님의 말씀과 예수의 증거를 인하여 밧모라 하는 섬에 있었더니"

밧모 섬은 소아시아의 서쪽, 지금의 터키와 그리스 사이에 있는 에게 해의 13개 섬 가운데 가장 작은 섬에 속한다. 요한이 밧모 섬으로 유배 당하기전 그가 목회한 에베소에서는 직선거리로 약 110km 떨어진 곳으로서, 섬의 전체 면적이 34km²이고 섬의 전체 길이는 63km나 되며, 현재 이곳을 찾는 성지순례객들은 에베소에서 가까운 쿠샤다스(새들의 섬) 항구에서 배를 타면 약 4시간 후에 밧모 섬에 도착하게 된다.

◑ 밧모섬

섬의 모양은 긴 활 모양처럼 생겼는데, 아름다운 에게 바다와는 달리 섬 곳곳에는 가시나무와 엉겅퀴, 그리고 돌들이 많이 있음을 볼 때, 과거 이 섬에 유배당한 사람들의 삶이 어떠했는지 가히 짐작할 수 있다. 역사가들은 사도 요한 당시 밧모 섬에는 로마 제국에서 가장 큰 죄수를 유배시킨 곳으로서, 먹을 곡식이 없어 굶주린 쥐가 양철로 된 벽을 뚫을 정도로 당시 섬의 환경이 매우 열악한 하였음을 말해준다.

밧모 섬의 첫 거주인들은 소아시아의 에게 해 연안의 가리아 지역에 사는 사람들이었다. 따라서 헬라어 '밧모스' (Patmos)란 어원은, 본래 가리아 지역의 산을 지칭하는 '라트모스' (Latmos)란 단어에서 온 말이라고 전한다. 본래 이 섬에 살던 사람들은 고대로부터 '아데미' (행 19:21-41, 사도 바울은 에베소에서 아데미 신을 숭배하는 자들과 영적 전쟁을 하였다) 신을 숭배하였다.

A.D 95년경 사도 요한은 로마의 도미티아누스 황제의 치세 때에, 에베소에서 기독교를 전파하여 제국을 소란하게 한다는 죄명을 쓰고 밧모 섬으로 유배당하였다. 전승에 의하면 당시 그는 96세의 나이로 사도행전의 초반부에 언급된 초대 교회 일곱 집사 중 하나인 브로고로(행 6:5)와 함께 이곳에 왔다고 한다. 사도 요한은 밧모 섬에 약 1년 6개월간 머물면서 요한 계시록을 집필한다. 하지만 그는 낮에는 작열하는 태양과 로마 군인들의 감시아래서 노구를 이끌고 채석장에서 고된 노동을 하여야 했으며 밤에는 지친 몸을 이끌고 추위와 배고픔을 참아가며 기도에 전념하였다. 그러나 살아계신 주님은 밤마다 하늘 문을 여시고 그에게 천국의 비밀을 풀어주시고(계1:9-20), 그가 받은 계시는 브로고로가 대필하였다.

◑ 요한 계시록 당시의 성경 지명과 현지 지명 및 거리

지리적으로 밧모 섬에서 가장 가까운 도시는 에베소이다. 직선으로 약 110Km 떨어져 있었으니 날씨가 좋은 날에는 육안으로도 희미하게나마 에베소 지역을 볼 수 있었다고 하니 에베소 성도들을 얼마나 그리워하였겠는가!

그러므로 우리는 요한 계시록의 수신자들인, 아시아의 일곱 교회들이 기록된 순서들을 고려해 보는 것도 흥미로운 일일 것이다. 즉, 요한 계시록의 일곱 교회의 순서로 가장 먼저 소개된 에베소, 서머나, 버가모 도시는 밧모 섬에서 가장 가까운 에게 해 연안의 항구도시였던 것이다. 그리고 이후 소개되는 두아디라, 사데, 빌라델비아, 라오디게아 등의 도시는 에게 해 해안에서 내륙으로 점점 더 멀어지고 있음을 알 수 있다.

사도 요한이 계시록을 기록한 밧모 섬은 유배지에 불과 했지만, 이후 비잔틴 제국 시대에는 황금기를 맞게 된다. 1088년 성 요한 크리스토둘로스(St. kristodulos, '그리스도의 종')가 황제 알렉시오스 콤네네스로부터 이 섬을 기증받았다. 그는 사도 요한의 숨결이 살아있는 밧모 섬에 그를 기념하는 '사도 요한 수도원'을 세워 수도사들의 영성 훈련의 중심지로 삼았으며, 1100년경에는 이곳에 기거하는 수도사가 100여명이 훨씬 넘었다. 요한 기념 수도원의 규모는, 동서로 70m 남북으로 50m 그리고 성벽의 높이가 15m나 되는 큰 건물로 갖가지의 초기 기독교의 진귀한 성서 사본과 기독교 보물들이 소장되어 있는데, 1537년 오스만 터키군이 이곳을 점령 했을 때 기독교 역사를 보존하기 위해 그들에게 저항하지 않아 그 보물들을 손상시키지 않고 그대로 보관 할 수 있었다. 한편, 바다에서 본 수도원의 아름다운 자태는 이곳에 달려온 지친 성지순례 객들의 탄성을 자아내게 하기에 충분하다.

요한 계시록을 기록한 계시동굴은 천장이 세 개로 갈라져 있는데 이것은 삼위일체를 상징하며, 바위로 된 벽면에 깊이 홈이 파져 있는 것은 노쇠한 요한 사도가 기도하기 위해 몸을 가누도록 한 것으로서 그의 숨결이 살아있음을 한껏 느끼게 한다. 현재 동굴 안에는 17세기에 지은 조그만 교회가 자리 잡고 있는데, 교회 입구에는 헬라어로 다음과 같은 말씀이 기록되어 있다.

◑ 사도 요한의 무덤교회

"그가 큰 음성으로 가로되 하나님을 두려워하며 그에게 영광을 돌리라 이는 그의 심판하실 시간이 이르렀음이니 하늘과 땅과 바다와 물들의 근원을 만드신 이를 경배하라 하더라"(계 14:7).

기독교를 핍박하던 로마 황제 도미티아누스가 죽자 밧모 섬에 유배 생활을 하던 사도 요한은 자유인의 몸이 되어 다시 에베소로 오게 되었다. 이때 그의 나이 약 100세. 그는 사랑하는 에베소 성도들로부터 뜨거운 환영을 받고 주일 날 부축을 받아가며 설교하는 강단에 세움을 받는다. 그 때 그는 조용한 어조로 말하였다고 한다.

"서로 사랑하라"

그의 설교는 그간 그가 예수를 따르기 시작한 이후로 그분에게 배운 말씀과 인생의 황혼기에 던진 메시지이었기에 감동이 컸다. 그리고 어쩌면 이 세상에서 그를 다시 볼 수 없는 상황에서 전한 메시지였기에 더욱 소중한 말씀이었다.

순교자의 피가 남은 핍박의 문을 지나 비잔틴 제국 시대에, 아야술룩(Ayasiluk 거룩한 신학자의 성) 아래에 묻혀있는 사도 요한의 시신을 중심으로 세워진 사도 요한의 기념 교회를 찾는 성지순례 객들을 향해, 오늘도 사도 요한은 조용히 입을 열어 말하고 있다.

"서로 사랑하라"

1. 에베소 교회

에베소는 B.C. 11세기 헬라 문명을 가진 이오니아인들이 정착하여 로마 시대에는 약 30만의 인구를 가진 소아시아의 수도이자 항구 도시로서 군사 요충지이자 무역의 중심지이었다. 당시 해상 무역을 하기 위해 흑해와 지중해로 가는 모든 상선은 에베소에 정착하여 활발한 무역을 하였는데 멀리 인도에서 가져온 진주, 보석과 향료, 계피, 상아, 값진 나무 그리고 아랍 지역으로부터 금, 은, 도자기 등 각종 진귀한 물건들이 거래되었다(계 18:12-13). 그러므로 에베소는 거대한 부를 통해 사치와 허영,그리고 유행과 향락의 도시가 되었다.

한편, 에베소는 우상의 도시로서 헬라 신화에 나오는 제우스와 레토의 딸인 '아르테미스(아데미)'를 숭배한 세계 7대 불가사이 가운데 하나인 아데미 신전이 있는 곳이다. 바울은 2, 3차 선교 여행 때에 이곳을 방문하여 브리스길라 아굴라 부부와 아볼로, 디모데와 함께 약 3년간 복음을 전하고 제자들을 양육하여 주변 여러 지역에 파송하여 교회들을 세워 복음이 흥왕하게 되었다.

2. 서머나 교회

서머나 도시를 건설한 사람들은 이오니아인들(B.C.1000-600)로 '루시안'은 이 도시를 가르켜 이오니아인들이 거주한 도시 중에 가장 잘 계획된 도시라고 칭찬을 하였다. 지리적으로 서머나는 리디아와 브르기아 지역의 경계선에 위치하고 풍부한 헤르무스 계곡의 무역로와 만나 활발한 무역업을 하였으며 천혜의 항구를 이용하여 활발한 해상 무역을 주도하여 많은 부를 누리고 높은 문화 수준을 유지하였다. 도시 중앙에는 일명 '황금의 길'로 알려진 헬라인의 문화적인 영향을 받아 만들어진 제우스 신전과 아폴로 신전, 그리고 의료

◑ 에베소 교회

◑ 서머나 교회

의 신 아스크레피우스와 미의 여신 아프로디테, 시장터인 아고라 유적이 남아 있다.

하지만 서머나는 B.C. 5세기에 리디아 왕국을 점령한 쿠루에수스 왕에 의해 점령당하고 B.C. 4세기에는 알렉산더와 그의 부하 리시마르쿠스에 의해 통치되었다가 B.C. 133년에 로마의 통치를 받게 된다. 사도 바울은 에베소에 거주하며 서머나 교회를 세웠다(행 19:9-10). 하지만 로마 제국은 이곳에 있는 기독교와 교회를 핍박하였으며 주후 156년 서머나 교회 감독 폴리갑은 서머나 교회를 지키기 위해 순교를 당하였다.

3. 버가모 교회

역사가 스트라보와 플리니는 버가모 도시를 가르켜 "아시아에서 가장 유명하고 위대한 도시이다"라고 하였다. 버가모는 문화의 도시로 유명한데, 알렉산더 황제의 부하 리시마르쿠스가 이곳을 다스릴 때 재무 상관이었던 필레타이로스(B.C. 283-263)가 준비한 9천 달란트의 거대한 자금으로 버가모 시를 방어하기 위한 성벽을 쌓고 도시 중심을 화려한 문화 도시로 건축하였다. 한편, 버가모에는 당시 이집트의 알렉산드리아의 도서관과 쌍벽을 이룬 10만 권의 장서를 가진 최대 도서관이 있었으며 시기심이 많은 미인 크레오파트라로 인하여 책을 만드는 파피루스 공급이 중단되자 양을 잡아 가죽을 벗겨 만든 양피지가 인류 최초로 버가모에서 사용되었다.

버가모의 전성기는 유메네스 2세 (B.C. 197-159) 시대로서 버가모 왕국이 에게해 지역와 지중해 모든 지역까지 확장시켰다. 버가모 시는 소아시아의 대표적인 우상의 도시로서 제우스 신을 비롯하여 전쟁의 신 아테네, 술의 신 디오니소스, 의료의 신 아스클레피우스(1세기 의사 갈렌은 이곳에서 인류 최초로 인간의 몸을 해부하였다고 한다.), 등 셀수 없는 신들이 있었다. 그러므로 요한 계시록에 버가모 교회에 주신 말씀 가운데 '사단의 위'(계 2:13) 가 있는 곳을 언급한 것은 버가모 시의 당시의 정황을 말해주고 있다.

◑ 버가모 교회

4. 두아디라 교회

지리적으로 두아디라는 리쿠스 강과 헤르무스 강 지류를 따라 비옥한 목초지와 물이 있는 계곡으로 형성된 도시이자 버가모 시에서 남동쪽으로 약 65km 떨어진 곳에서 버가모 시와 사데 시를 연결하는 도로 선상에 위치하고 있다. B.C. 6세기에 역사가 플리니는 리디아인들이 이 도시를 점령하여 도시의 이름을 펠로피로 개명하였다고 한다.

두아디라는 염색업이 뛰어난 도시로서 트로이 전쟁사를 썼던 서머나 출신 시인 호머는 이르기를 "두아디라 시에서 유명한 자주색 천이 생산되었다"(일리아드 4:1) 라고 언급하였다. 한편, 두아디라는 '길드' 라는 최초의 동업조합이 발달되어 이 도시안에서는 염색업 뿐 아니라 직조, 피혁, 토기, 빵 제조업 등 장사를 하려면 동업 조합에 가입하여야만 하였다. 하지만 상인들이 동업 조합에 가입한 후에 거행하는 신전에서의 우상숭배와 음행의 일은 우리 주님께서 두아디라 교회에게 주신 말씀의 배경이 되고 있다. 사도 요한이 두아디라 교회를 향해 편지할 때 "이세벨을 용납하고 우상의 재물을 먹었다"(계 2:20)는 내용은 동업조합에 가입한 후 신전에서의 음란한 제사와 관련이 있었던 것으로 보여진다.

◑ 두아디라 교회

5. 사데 교회

사데는 고대 리디아 왕국(B.C. 700-546)의 수도로서 약 150년 간 소아시아에서 가장 많은 부를 누리던 도시였다. 희랍의 역사가 헤로도투스는 사데의 부를 다음과 같이 묘사하였다. "사데를 끼고 있는 작은 시내는 일명 '황금 천' 으로서 이곳에서 크로에수스 왕은 사데를 두르고 있는 투몰루스산 만큼의 많은 사금을 채취하여 인류 최대의 왕이자 최초로 금화를 만들어 사용한 왕이었다."

◑ 사데 교회

하지만 B.C. 146년 페르시아의 고레스 왕이 이끄는 군사들에 의하여 난공불락의 요새에서 깨어있지 못한 채 안락하게만 생활하던 사데인들은 페르시아의 노예가 되고 말았다. 한편, 사데는 에베소의 아데미 신전처럼 거대한 아데미 여신을 숭배하는 도시였다. 그러므로 이 도시에 사는 사람들은 부에 눈이 멀고 거대한 우상의 도시에서 분별없이 살면서 정신적으로 죽은 줄 모르며 살아갔던 것이다. 사도 요한을 통해 주신 주님의 메시지는 사데 교회의 신앙인들이 이 도시의 사람들처럼 살았으나 실상은 죽은 모습으로 비춰주고 있다(계 3:1-3).

6. 빌라델비아 교회

빌라델비아란 도시의 이름은 버가모 왕 아탈로스 2세(B.C. 159-138)가 이 도시를 점령할 당시 자신과 그의 동생 유베네스와의 형제 우애가 두터웠음을 만방에 알리기 위해 '형제 사랑'이란 뜻으로 이 도시의 이름을 하사하였다. 이 도시는 고대로부터 포도 생산지로 유명한 곳이다. 화산재로 형성된 '카타케카우메네'란 비옥한 토양은 포도가 잘 재배되어 소아시아 일대에 포도주 산지로 가장 잘 알려져 있다.

◑ 빌라델비아 교회

한편, 지리적으로 이 도시는 비시디아, 리디아, 그리고 브르기아와 만나는 교통의 요지 선상에 위치하고 있었다. 그러므로 헬라 시대에는 이 도시를 통해 헬라의 문화와 언어를 주변 지역인 리디아와 브르기아 지역에 전하는 통로가 되었다.

그러므로 주님은 로마시대에 황제가 거느리던 씨이저의 군대와 무역을 하던 대상들이 활동했던 열린문(계 3:7)을 통해 주님의 평화의 복음을 전하는 축복의 통로가 되게 하였고 빌라델비아 교인들은 바로 이러한 영적인 축복의 기회를 상실하지 않고 그리스도를 위해 충성을 다하여 주님으로부터 칭찬받은 교회가 되었다.

7. 라오디게아 교회

라오디게아는 안티오쿠스 2세(B.C. 361-246)에 의해서 건설된 도시로서 그의 아내 라오디게아의 이름을 따서 만든 도시이다. 지리적으로 이 도시는 동쪽으로 에게해로 가는 에베소와 남쪽으로는 시리아로 가는 브르기아와 가리아가 만나는 길목에 놓여있다. 한편, 지형적으로 이 도시는, 분지 형태로 되어 있어 외부의 적으로부터 보호를 받을 수 있었다.

라오디게아에서 생산되는 '트리미타리아' 라는 검은색 광택의 양보는 그 품질이 우수하여 소아시아 일대에서 가장 고가품으로 팔려 많은 부를 누리고 은행을 만들어 금융업을 하기도 하였다. 뿐만 아니라 이 지역에서 생산되는 안약과 온천수는 큰 효험이 있어 역사가 플리니는 "소아시아에서 가장 부유하고 차별화된 도시였다"고 말한다. 그러나 라오디게아 교인들이 물질적으로 부요하고 세속적인 자부심은 결국 영적인 궁핍함의 원인이 되었으며, 그럼에도 불구하고 이를 깨닫지 못하는 이들의 삶은 주님의 눈으로 볼 때 가련한 인생들이었으므로 주님은 그들을 책망하고 있다(계 3:17-18).

◑ 라오디게아 교회

◑ 라오디게아 스타디움(폐허가 됨)

부록

1. 구약 연대기와 고대 근동의 연대기 비교

족장 시대 (창 12-50장, 욥기) B.C. 2166-1805	**메소포타미아** 우르 시대(제 3왕조)	**애굽** 중왕국 시대(제 11-12왕조)
출애굽 시대 (모세 오경) B.C. 1805-1390	**고대 바벨론시대** 함무라비 시대	**제 2중간기** (힉소스 왕조)
사사 시대 (삿, 룻, 삼상 1-7장) B.C. 1390 -1050	**카시트 왕국** B.C. 1400	**제국 시대** (세 19왕소) B.C. 1314-1194
통일왕국 시대 (왕상 1-11장) B.C. 1050-930	**앗시리아 제국 부상** B.C. 1100-1000	**제 20-21왕조** B.C. 1085-945
분열왕국 시대 (왕상 12-22장) B.C. 930	**바벨론 제국의 발흥**	**후기 시대** (제 22-26왕조) B.C. 945-525
포로 시대 (에스겔서, 다니엘서 B.C. 586-539	**바벨론의 멸망과 페르시아 제국** B.C. 539-332	
포로 귀환 시대 소선지서 B.C. 539-400	**페르시아 제국 전성기**	

2. 모세 오경 연대기

모세 오경은 구약 성서에서 순서적으로 창세기에서 신명기까지의 다섯 권의 책을 가르키는데 히브리어로 토라(Torah)라고 하며 그뜻은 '법' 이나 '가르침' 이란 뜻을 담고 있다. 오경에서 하나님은 천지 창조, 심판, 믿음의 족장들을 부르심, 그리고 민족을 이룬 이스라엘 백성이 애굽을 출발하여 약속의 땅인 가나안으로 들어가는 40년 간의 긴 여정을 소개하고 있다.

• 노아의 홍수 사건 일지

노아가 방주에서 보낸 전체 일수는 한 달을 30일로 기준하여 1년 17일(377일)이다. 노아의 가족은 홍수가 시작되기 전에 7일을 기다린 후 150일간 땅에 물이 창일하고 150일 간 땅에 물이 빠지기 위해 기다려야만 했으며 70일 간 땅이 마르기 위해 기다리다가 마침내 방주에서 나오게 되었다.

제 2월	**10일**	7일 간을 기다린 후에 노아의 일가족과 짐승들이 방주에 들어가다 (창 7:4, 10).
제 2월	**17일**	40일간 비가 계속내리다(창 7:4–6, 11, 12).
제 3월	**26일**	40일 후에 비가 멈추다(창 7:4, 7).
제 7월	**17일**	비가 내린지 150일 만에 방주가 아라랏산에 머물다(창 7:24–8:4).
제 10월	**1일**	40일이 지나자 산들이 보이기 시작하다(창 8:5–6).
제 11월	**10일**	방주에서 물이 마른지 확인하기 위해 까마귀를 내어 보내다(창 8:7).
제 11월	**11일**	비둘기를 내어 보냈으나 되돌아 오다(창 8:8–9).
제 11월	**19일**	7일을 기다린 후에 다시 비둘기를 내어 보내자 감람나무 잎을 물고 귀환하다(창 8:0–11).
제 11월	**27일**	비둘기를 내어 보냈으나 돌아오지 않다(창 8:12).
제 12월	**17일**	물이 완전히 빠지다(창 8:3).

신년

제 1월	**1일**	방주의 뚜껑을 열다(창 8:13).
제 2월	**27일**	땅이 완전히 마르자 방수에서 나오다(창 8:14–19).

• 족장들의 연대기

1) 아브라함의 연대기(B.C. 2166-1991)

B.C. 2166	B.C. 2091	B.C. 2080	B.C. 2051	B.C. 1991
아브라함의 출생	가나안 이주 (창 12:4) 75세	이스마엘의 출생 (창 16:3) 86세	이삭을 제물 바침 (창 22장) 140세	아브라함의 죽음 (창 25:7) 175세

2) 이삭의 연대기(B.C. 2066-1866)

B.C. 2066	B.C. 2051	B.C. 2026	B.C. 2006년	B.C. 1886
이삭의 출생 (창 16:3)	모리아산에서 자신을 제물로 드리다 (창 22장) 15세	리브가와 결혼하다 (창 25:20) 40세	에서와 야곱의 출생 (창 25:26) 60세	이삭의 죽음 (창 35:28-29) 120세

3) 야곱의 연대기(B.C. 2006-1859)

B.C. 2006	B.C. 1929	B.C. 1922
야곱의 출생(창 25:26)	하란으로 이주(창 28:5) 77세	야곱이 레아와 라헬과 결혼 (창 29:21-30) 84세
B.C. 1909	**B.C. 1876**	**B.C. 1859**
야곱과 그의 가족이 가나안 이주(창 31:17-21) 97세	야곱과 그의 가족이 애굽으로 이주(창 45:6) 130세	야곱의 죽음(창 47:28) 147세

4) 요셉의 연대기(B.C. 1915-1805)

B.C. 1915	B.C. 1898	B.C. 1885	B.C. 1805
요셉의 출생 (창 31:38-41)	요셉이 애굽에 노예로 팔리다 (창 37:2-36) 17세	요셉이 애굽의 국무총리가 되다 (창 41:39-40) 30세	요셉의 죽음 (창 50:26) 110세

• 이스라엘 백성의 출애굽 일지

연	월	일	내용
제 1년	1월	15일	이스라엘 백성이 애굽에서 출발하다(출 12장)
	2월	15일	신 광야 도착(출 16:1)
	3월		시내광에 도착(출 19:1)
제 2년	1월	1일	성막 건립(출 40:1, 17), 세난 봉헌(민 7:1), 레위 부속의 성별(민 8:1-26)
	1월	14일	유월절(민 9:5)
	2월	1일	인구 조사(민 1:1, 18)
	2월	14일	보충 유월절(민 9:11)
	2월	20일	시내 광야 출발(민 10:11)
제 40년	1월		신 광야에 도착(민 20:1-22:29)
	5월	1일	아론의 죽음(민 20:22-29)
	11월	1일	모세의 설교(신 1:3)

3. 유대인의 달력과 주요 절기

니산 월(3-4월)

늦은 비가 내리는 계절이다. 보리를 추수하는 계절로서 21일에는 첫 열매를 하나님께 드리는 달이다. 14일에 이스라엘 백성들이 애굽으로부터의 구원받은 것을 기억하여 무교병을 먹으며 유월절(출 12장)을 지킨다. 함께 아가서를 읽는다.

이야르 월(4-5월)

늦은 비가 내리며 곡물을 추수하는 계절이다.

시완 월(5-6월)

건기로서 밀 농사를 추수하는 계절이자 포도나무를 돌보는 때이다. 6일에는 오순절(신 16:9-12)이 있다. 수확을 경축하며 룻기서를 읽는다.

담무즈 월(6-7월)

건기로서 첫 포도가 열매 맺는 계절이다.

아브 월(7-8월)

무화과, 올리브, 포도 열매가 익는 절기이다. 9일에는 예루살렘 성전이 파괴된 날(B.C. 586)을 기억하며 애가서를 읽는다.

엘룰 월(8-9월)

건기로서 포도를 추수하는 계절이다.

디쉬리 월(9-10월)

건기로서 밭을 기억하는 계절이다. 1일은 신년, 10일은 속죄일(레위기 16장)로 민족의 죄를 속하기 위해 제사를 드린다. 15-21일은 장막절(느헤미야 8장)로 전도서를 읽고 이스라엘 백성이 광야에서 나그네 생활을 기억하는 날이다.

마르게시완 월(10-11월)

이른 비가 내리는 계절로 파종기이다.

기슬레 월(11-12월)

이른 비가 내리며 25일에는 수전절(요 10:22)로 B.C. 164년 성전 재건을 기념하며 지킨다.

데벳 월(12-1월)

계절 중 가장 추운 계절이다. 이른 비가 내린다.

세밧 월(1-2월)

겨울철 무화과를 수확하는 계절이다. 이른 비가 내린다.

아달 월(2-3월)

이른비가 내리며 복숭아 꽃이 개화하는 시기이다. 13-14일에 부림절(에스더 9장)로 유대인을 학살하고자 한 하만의 음모를 실패케 하신 하나님의 은혜를 기억하며 지키는 절기이다.

아셀세니 월

윤달이자 우기이다.

4. 분열 왕국 시대의 남북 왕조

통일 왕국 시대(사울 다윗 솔로몬) 120년/ 분열 왕국 시대

남 왕국(유다) B.C. 931-586

연대(B.C.)	왕들	선지자
931-913	르호보암	스마야
913-911	아비얌	잇도
911-870	아사	아사랴, 하나니
873-848	여호사밧, 예후	아하시엘, 엘리에셀
853-841	여호람	
841-853	아달랴	
835-796	요아스	
796-767	아마샤	
790-740	웃시야	이사야, 요엘
750-731	요담	미가
735-715	아하스	
715-686	히스기야	나훔
695-642	므낫세	
642-640	암몬	하박국
640-609	요시아	스바나
609	여호아하스	예레미야
609-597	여호아김	다니엘
597	여호야긴	에스겔
597-586	시드기야	
587	바벨론 제국에게 예루살렘 함락	

북왕국(이스라엘) B.C. 931-722

연대(B.C.)	왕들	선지자
931-910	여로보암	아히야
910-909	나답	예후
909-886	바아사	
886-885	엘라, 시므리(885)	
885-853	오므리	
874-853	아합	엘리야, 미가
853-852	아하시야	
852-841	여호람	엘리사
842-815	예후	
819-804	여호아하스	
805-790	여호아스	
790-750	여로보암 2세	요나, 호세아, 아모스
750-749	스가랴	살룸(752)
749-738	므나헴	
738-736	브가히야	
736-732	베가	
732-722	호세아	
722	앗수르 제국에게 사마리아 함락	

5. 신약의 연대기

연 대(B.C. -A.D)	로마 황제	유대 왕	성서의 사건
B.C. 27-A.D 14	시이저 아우구스투스	헤롯 아켈라오 B.C. 4-A.D. 6	예수 그리스도의 탄생 B.C. 4
B.C. 14-37	티베리우스	헤롯 안티바스 B.C. 4-A.D. 39	예수의 공생애 사역 27
		헤롯 빌립 B.C. 4-A.D. 33	예수의 십자가 사건 30
		본디오 빌라도 총독 26-36	바울의 회심 34
B.C. 37-41	칼리굴라		
B.C. 41-54	글라우디우스 헤롯	아그립바1세 39-44	사도 바울의 선교 여행 47-52
B.C. 54-68	네로	벨릭스 총독(52-58) 베스도 총독(58-61)	바울의 순교 67
B.C. 68-69	갈바, 오토비델리오		
B.C. 69-79	베스파시안		
B.C. 81-96	도미티아누스		요한계시록(밧모섬)
B.C. 98-117	트라이야누스		

6. 바울의 연대기(바울의 회심과 선교 여행 일지)

A.D. 32년
- 사울의 다메섹에서의 회심(행 9:1-9).

A.D. 35년
- 바울의 예루살렘 1차 방문(행 9:26, 갈 1:18).

A.D. 48년
- 1차 선교 여행(행 13:1-14:28). 수리아 안디옥 교회에서 바울과 바나바, 마가 요한이 함께 선교를 시작하여 구브로와 버가 지역에서 선교 사역을 함.

A.D. 49년
- 바울과 바나바가 1차 선교 여행지를 재차 방문한 후 수리아 안디옥으로 귀환.

A.D. 50년
- 바울과 바나바가 예루살렘 공의회 참석.

A.D. 51년
- 제 2차 선교 여행 시작(행 15:36-18:23; 살전 1:56; 3:1-6).
  1차 선교 여행에서 낙오된 마가 요한의 문제로 바울과 바나바가 논쟁 이후 바울은 실라를 데리고 다소와 더베 루스드라, 이고니온, 비시디아 안디옥으로 가고 바나바는 마가 요한을 데리고 구브르로 출발함. 루스드라에서 바울은 디모데를 만나 이방 선교의 동역자로 삼다. 데살로니가서 기록.

A.D. 52년
- 바울과 실라, 디모데는 드로아에 이르러 환상을 보고 마게도니아 지역인 빌립보, 데살로니가, 베뢰아 지역에서 선교. 베뢰아에서 데살로니가에서 온 유대인들의 소요로 바울은 아덴으로 향하고 실라와 디모데는 잠시 그곳에 머물다. 이후 디모데가 아덴을 방문하여 바울을 만난 후 데살로니가 방문.

A.D. 53년
- 바울의 3차 전도여행(행 18:23-21:16).
  안디옥을 떠나 에베소로 향함. 브리스길라와 아굴라 부부가 아볼로를 만나 함께 성경을 공부하고 아볼로를 고린도로 보내다.

A.D. 54년
- 네로의 로마황제 즉위.

A.D. 55-56년
- 바울이 에베소에서 계속 사역하다.

A.D. 57년
- **봄** : 고린도 전서 기록.
- **여름**: 바울이 에베소를 떠나 드로아를 거쳐 빌립보로 여행.
- **가을**: 고린도후서를 기록함. 디도가 빌립보에 도착.
- **겨울**: 바울이 고린도로 가서 갈라디아서를 기록.

A.D. 58년
- 봄에 로마서 기록.
- 고린도를 출발하여 여름에 예루살렘 도착. 가이사랴로 가서 유대의 총독 벨릭스에게 인도됨.

A.D. 60년
- 벨릭스가 바울을 베스도에게 인계함.
- **가을**: 바울이 로마로 보내짐(행 27:1-28:15).
- **겨울**: 말타에서 파선.

A.D. 61년
- **봄**: 바울의 로마 투옥(행 28:16; 엡 1:12. 3:16).

A.D. 62년
- **봄**: 빌레몬서, 골로새서, 에베소서를 씀.
- **가을**: 빌립보서를 씀.
- 주의 형제 야고보 순교.

A.D 63년
- **봄** : 마게도이나와 소아시아 방문.

A.D. 64~68년
- 스페인 방문(행 15:28) 로마의 대화재와 66년 기독교인 핍박.
- 66년기독교인 핍박 스페인에서 소아시아 방문(딤전 1:3).
- **여름**: 마게도니아에서 디모데전서 기록.
- **가을**: 에베소에서 디도서 기록.

A.D. 68년
- 로마 감옥에서 디모데후서 기록.
- **여름**: 네로 황제에 의해 순교당함.

7. 현대 이스라엘의 기후

이스라엘은 비록 작은 면적에 비해 기후가 상당히 복잡한 편이다. 이스라엘의 기후는 열대성 기후와 온대성 기후의 교차 지점에 있고, 지중해와 아라비아 사막 사이에 위치하고 있으므로 이스라엘 여러 지역간의 지형적인 차이점이 있다.

이스라엘의 기후는 열대성 기후와 온대성 기후로 뚜렷하게 교차되는 계절현상을 보여준다. 연중 4월에서 10월 사이엔 덥고 건조한 긴 여름이 계속되며, 11월에서 이듬해 3월까지의 겨울은 온난하고 다습하다. 이스라엘은 일년이 여름과 겨울로 양분되는 지역이다.

한편, 이스라엘 기후는 계절이 뚜렷하게 교차되는 특성으로 인해 더위, 추위, 이슬, 서리, 바람, 눈, 얼음 등의 다양한 기후 현상을 보인다. 해안은 전형적 지중해성 기후여서, 여름에는 32~ 37℃까지 올라간다. 또한 고원지대는 더욱 건조하고 서늘한 기후를 보여서 여름에도 지내기 쉽고, 겨울에도 간간이 내리는 비 사이에 밝은 태양이 비치기도 한다. 남부 네겝 지방은 사막 기후이기에 여름에도 밤에는 기온이 급격히 내려가며 대체로 겨울에 지내기 좋은 기후이다. 예루살렘 등의 고원지대는 더욱 건조하고 서늘한 기후를 보이며, 겨울에도 비와 밝은 태양을 볼 수 있다.

지정학적으로 이스라엘은 서쪽의 지중해라는 큰 바다와 동쪽의 거대한 아라비아 사막 사이에 끼어 있다. 그래서 이스라엘은 아열대성 기후와 지중해성 기후가 교차하는 독특한 기후조건을 지니고 있다. 여름철에는 건조하고 뜨거운 열기의 바람으로 견디기 힘든 여름철 기후를 형성한다. 그리고 겨울철에는 건조하고도 차가운 바람으로 체감 온도를 더욱 낮게 만든다. 유다 광야와 사해 주변 지역은 사막기후의 영향력이 크게 나타나는 대표적 지역이다. 따라서 이 지역은 목축문화가 발달했다.

이스라엘의 기후를 결정하는 또 다른 중요한 요소는 이스라엘 각 지역의 지형적 차이다. 지형의 높고 낮음의 차이는 이스라엘에서 강우량을 결정하는 중요한 요인이 되기 때문이다. 약 9개월 동안의 건기 때는 비가 한 방울도 오지 않는 날씨가 계속된다. 바다에 가까운 해안 평야나 중앙 산지의 서편 곧 바다 쪽에 연한 기슭에는 농경에 충분한 양의 비가 내리며, 여름철에도 다른 어느 지역보다 많은 양의 이슬이 내린다. 따라서 이스라엘에서는 바다에 가까울수록 비옥한 농경지가 형성되어 있다.

◑ 기혼샘

이스라엘의 우기철은 이른비, 겨울비, 늦은비가 내리는 세 시기로 구분된다. 이른비는 겨울철이 시작기인 10월 ~ 11월경에 내리는 비다. 그 양은 여름 동안 극도로 건조해진 땅에 물기를 뿌려주는 정도이다. 그러나 이른비로 인하여 여름철 동안 마른 땅은 부드러워 지고, 농부들은 땅을 기경하여 파종할 수 있다. 따라서 이스라엘에서는 이른비가 적당한 시기에 내려야 파종을 제때에 할 수 있다. 사막이나 광야지역에도 이른비가 내림으로 목축을 위한 초지가 형성되기 때문에 이른비는 유목민들에게도 매우 중요하였다.

장마비 또는 겨울비는 12월에서 2월 사이에 내리는 본격적인 비이다. 일년 중에 내리는 강우량의 대부분이 이 기간 동안에 내린다. 때로는 천둥과 번개를 동반한 소낙비가 내려 계곡에는 갑작스럽게 급류가 흐른다. 고대 이스라엘은 장마비를 방수가 잘 되어있는 저수조에 모아 여름철 급수를 대비하였다.

'봄비' 라고도 명명되는 늦은비는 3월-4월경에 내린다. 늦은비는 겨울동안 자란 농작물의 마지막 결실을 충실하게 만드는 역할을 한다. 따라서 늦은비는 곡식의 결실에 절대적으로 필요하다. 이스라엘 사람들은 늦은비를 축복의 단비라 불렀다.

강우량은 지역별로 다른데, 중앙산지는 다른 지역보다 많은 비가 집중적으로 내린다. 산간지역에 내리는 대부분의 겨울철 빗물은 석회암층을 침투하여 땅 깊은 곳에 형성된 지하수층으로 내려가며, 이러한 지하수들은 곳곳에서 샘을 이루어 땅 위로 분출한다.

이스라엘에서의 강우량과 비가 내리는 날수는 남쪽보다 북쪽으로 갈수록 많아진다. 또 산지에서의 강우량은 사막에 인접한 동편 기슭보다 바다에 인접한 서편 기슭이 언제나 많다. 그리고 물의 증발 정도는 태양에 더 많이 노출되어 있는 남쪽에서보다 더 크다. 이 세 가지 요소를 종합하여 볼 때, 이스라엘에서의 서쪽지역과 북쪽지역은 남쪽지역과 동쪽지역보다 강우량이 더 많고 농작물의 재배에도 적합한 지역이다.

· 예루살렘 연중 기후

월	1	2	3	4	5	6	7	8	9	10	11	12
평균기온	7	8	10	15	18	21	22	23	22	18	14	9
평균강수량	139	111	116	17	5	0	0	0	0	10	68	129
최저기온	6	7	8	12	14	15	16	19	18	16	12	7
최고기온	11	14	16	21	25	27	28	29	27	25	20	15

8. 이스라엘 성지 순례 시 주의 사항

출입국 심사와 여권

이스라엘의 출입국 심사는 전세계에서 가장 까다롭기로 유명하다. 조금이라도 의심 가면 집요하게 검문하는 것이 특징이다. 검문 시 조그마한 칼이나 건전지라도 필요 이상으로 소지하고 있다고 생각되면 질문의 대상이 된다. 특히 공항에서 누군가로부터 짐을 좀 들어 주겠냐는 부탁을 받을 수가 있는데, 이런 식으로 팔레스타인에 무기가 드나들곤 하므로 늘 주의 한다. 그러므로 이스라엘 공항에서는 말썽의 소지가 있는 것은 아예 하지도, 가지고 다니지도 않는 것이 좋다. 또한 이스라엘은 군인들이 검문 검색을 하는 곳이 많기 때문에 여권은 아무리 짧은 거리를 간다고 해도 소지하고 다니는 것이 수월하게 여행하는 방법이다.

◑ 모세 우물

안식일에 성지 순례를 조심해서 계획하라

이스라엘의 안식일은 철저해서, 버스도 안 다니고 식당도 안 연다. 금요일 오후부터 토요일은 이스라엘의 안식일이므로 이 점을 충분히 감안해야 한다. 상점들도 문을 열지 않기 때문에 안식일 아침에는 호텔이나 기타 숙소 등에서 미리 저녁식사를 부탁해 놓지 않으면 안 된다.

타종교에 대하여 비난을 하여서는 않된다.

종교를 화제에 올리는 것까지는 상관없으나 비난하거나 우습게 여기는 말을 절대 삼가야 한다. 또한 타종교의 성전인 모스크나 회당에 들어가면 (방문자체는 환영해준다) 그들의 문화에 철저히 따라야 한다.

타종교의 성전에 방문시 유의 사항

회당이나 모스크에 방문 시 여성은 드시 천으로 머리를 가리고(이 역시 빌려 줌) 남성은 긴바지, 여성은 긴치마를 입어야 하며, 종교 복장을 하고 있는 사람들에게 카메라를 들이 대지 말되, 전통 복장을 하고 있는 사람들을 촬영하고 싶을 경우에는 반드시 허락을 받도록 한다.

외출 시 신변에 조심하도록 하자

외국인 여행자들에게 발생하는 사고 가운데 하나는 테러에 의한 것이 아니라 외출에서 비롯되었다. 목적지에 도착하여 가방을 내리려고 하면 가방을 나꿔채어 바로 줄행랑을 치는 가벼운 수법부터 강도로 돌변하여 돈을 절취한다거나 심하게는 살인을 저지르는 경우까지도 있다고 하니 항상 조심하도록 한다.

건강을 조심하라.

지리적으로 이스라엘은 인접해 있는 사해로 인해 고온 다습한 이스라엘의 사막은, 고온건조를 특징으로 하는 일반의 사막과는 좀 차이가 있다. 예루살렘 시내에서는 괜찮겠지만 맛사다를 비롯한 기타 사막에 연해 있는 볼거리를 보러 갈 경우엔 특히 일사병에 걸리지 않도록 물통을 준비하는 것이 좋다.

한편, 식수는 미네랄 워터를 마시는 것이 더욱 안심이다.

이슬람교 지역에서의 여행

간단한 이슬람 문화를 이해할 필요가 있다.

예를들어 라마단 기간 중에는 공공장소에서의 흡연 및 식사, 음료수를 마시는 것을 금해야 한다.

이슬람교의 라마단

이슬람력 9월을 의미하는 라마단은 초승달의 목격시점에 따라 5~6일에 시작돼 한달간 진행된다. 라마단은 1400년 전 예언자 모하메드가 코란을 계시받은 달로 이 기간에 무슬림(이슬람 신도)들은 새벽부터 해질 때까지 먹지도 마시지도 않고 흡연과 성행위를 피해야 한다.

해진 다음에 금지가 해제되며 노약자와 임신부, 여행 중인 사람은 낮 동안에라도 금식하지 않아도 된다고 한다. 또한, 현지인들이 금하는 술이나 돼지고기 등을 권하는 것은 반드시 금기해야 한다. 한편, 현지 여성을 대상으로 사진 촬영하는 것은 삼가해야 하며 사진 촬영 시 반드시 본인의 동의를 얻어야 한다.

학생증을 가진 여행객은 입장시 혜택을 받을 수 있다.

특히 중동 지역에 여행하고자 하는 학생이라면 꼭 국제학생증을 만들어 가는 것이 좋다. 박물관이나 유적지에 입장할때 국제학생증이 있을 때와 없을 때의 입장료 차이가 상당히 커서 국제학생증이 있는 경우에는 돈을 절약할 수 있다.

◑ 사해 유적- 빗살무늬 토기

군부대 지역에서 사진 촬영금지

중동 지역은 분쟁이 있는 지역이 많음으로 군사시설의 보안이 철저히 지켜지고 있다. 불미스런 일이 발생하지 않도록 군부대, 군부대시설 사진촬영, 캠코더 촬영은 주의해야 한다.

초판1쇄 2010년 7월 15일
지은이 이승수

펴낸이 김명철
펴낸곳 도서출판 바울

주 소 인천시 부평구 십정동 409-27
영업부 (032)431-7792 (032)428-1928(팩스)
총무부 (032)427-1719
편집부 (032)423-9796

전자우편 cpcubook@hanmail.net
홈페이지 www.ubook.co.kr
I S B N 978-89-7286-845-3 03230